★校長媽媽教你如何培養
會思考、負責又
自律的小孩

陪伴教養學

亞伯拉罕英語學院
創辦人、校長
崔椿琦 著

目錄

第二部 和孩子溝通的技巧 69

溝通是雙向的，並非自己滔滔不絕地說，更要用心傾聽。親子之間若能建立良好、良性的溝通方式，孩子自然會聽進並聽從父母的教導，不再將父母的話當作耳旁風。

目錄

目錄

一個認真的人，一位傑出的教育家

沈方正　老爺酒店集團執行長

「校長」是我對於她的尊稱，其原因並不是因為她是亞伯拉罕英語學院的校長，而是出於一場同學會的情緣。我與椿琦是一所私立小學的同學，數年前的某天晚上她打電話給我，說她是崔椿琦，我們是小學同學，想要成立一個line群組，邀我加入。當時我們已四十多年未見，而幼時就讀的學校從來就沒有開過同學會，所以聽起來比較像是詐騙集團，而非故舊相尋。在半信半疑之下，加入了這個原先只有幾個人的群組後，「校長」發揮福爾摩斯的智力與愚公移山的精神四處奔走，甚至到開業醫師同學處掛號面訪，凝聚出目前有近百人的小學畢業同學群組，也開了很多次歡樂的同學會。而這一切都歸功於這位認真的校長，使得我們緣起不滅。

在大家團圓之後，我才知道「校長」從事英語教育工作。她經常在言談之間流露出對於現今教育體制與家長在教育觀念上的憂心，此次拜讀《陪伴教養學》書稿不禁發出會心一笑，原來他們家跟我們家是同一流派，簡單的說，學習任何知識學問之前先學怎麼「做人」，而且是做一個有為有守的人。

教語文不難，教做人很不容易。「校長」創辦學校讓學子不用漂洋過海與家人分離，就能把英文學好，造就了許多傑出的青年，絕對不是只教出了許多英文好的人，她煞費苦心以一個教育家的眼光及高度教出了許多「英文好的好人」，絕對是「校長」對於台灣社會認真的付出與貢獻。身為同學，除了恭賀本書的出版，也很開心在這邊大力推薦一位認真教育家的苦口婆心之言，所有台灣的大人都值得買一本來好好看一看。

自序

每當我聽到身邊的人稱呼我「校長」時，我總會提醒自己，這個稱謂代表著我是有託付，有使命的人。我要向將孩子交託給我們的家長與孩子負責。因為當年我成立學校的主要用意就是為了建造我們的下一代成為守本分，受約束，負責任的人。而我也深知孩子們的問題來自父母，來自家庭教育，這一切都在於觀念要改變，才會有不一樣的結果。所以我在這裡最要感謝的一個人，也是他改變了我後半生，這位就是我在信仰上的老師林穰弟兄。三十多年來，他帶著我認識自己的身分，幫助我在不同的身分裡該如何來進行該盡的託負及責任。

有人會問我的背景是什麼？什麼學經歷？以何種理念辦學？這二十一年中又有哪些事情是我覺得引以為傲的？

我是這樣回答的：第一，我只有高中畢業。在創立亞伯拉罕英語學院之前，我唯一的經歷就是母親，也就是我的神所賦予我的天職。

第二，我如何愛護我自己，我就如何愛護我身邊的人。這是我的辦學理念。

第三，我沒有任何的學經歷，但卻有一群比我學歷高、與我有相同理念的人與我一起共事。

而每當炎炎暑假來臨時，許多已經畢業的孩子會回學校來看我及老師們，分享他們在這裡所學到的是如何幫助與豐富他們長成後的學習與工作，以及他們對父母師長的感恩，這就是讓我感到最安慰的事。

亞伯拉罕英語學院從一九九八年春天創辦到今天，我一直深以這個地方為榮，因為在這裡，我們不僅培育了許多優秀的英文人才，更重要的是，它是一所看重品格教育更勝於英文程度的學院，也就是我們最在意的是人，而不是分數。而事實也證明，當我們把人先教對了，教好了，一切就會水到渠成，孩子的成績自然是卓越傲人。

因為我是一個母親，我知道父母和孩子就如同樹和果子的關係。樹好，果子就好。我也知道我曾犯過的錯是因為我沒有正確的觀念，以致於我會嚐到苦果。因此，我期許自己能藉由各樣的管道，將我在為人父母身分上，這一路上所得無數益處的觀念分享給更多願意相信接受的人，讓更多的父母都能成為好樹，結出好果，帶著孩子在正確的觀念中蒙福。

一

教與學，學校和家庭的合作

教育好比蓋房子，是一項需要多方團隊協調與銜接的系統工程，唯有在共同合作的基礎下才能圓滿達成。因此，校方與家長必須認同彼此的理念，時時交流並充分攜手合作，孩子才不至於無所適從，產生觀念或者行事準則的混淆。

1 不迎合孩子

我要求家長，務必陪著孩子一起寫功課。

過程中，你可以看到孩子的缺乏，才知道要給予他什麼幫助。但不可下指導棋，即使發現孩子寫錯了，也不要馬上發聲糾正，要讓他能夠經歷自己思考和發現錯誤的過程。

精準和嚴謹，始終是我對自己和同仁們教學的要求，實事求是不譁眾取寵，更不因「利」而迎合孩子的喜好。我們的教室以莊重、祥和、寧靜的原木色調裝潢為主，沒有五顏六色的彩紙裝飾和卡通人偶，目的是希望孩子身在其中能夠不受干擾，心無旁騖地學習。

孩子很清楚地知道，他到亞伯拉罕英語學院是學習，不是來玩耍的。有趣的是，曾有不少家長告訴我，孩子不聽話的時候，他們會「威脅」孩子：「你如果不守規矩，下學期就不讓你去亞伯拉罕。」結果孩子們立刻乖乖聽話。這就印證，只要孩子能感受到對他有益處，他終究會接受並跟隨。

此外，我們一個學期有一堂課使用國語教學，這堂課我稱之為「健康的人生」，希望孩子除了英文的學習之外，也能在生活教育方面獲得正確的學習與觀念，讓孩子從小建立守本分、受約束、負責任的正確人生態度。

寫功課的必要性

與坊間其他補習班相較，亞伯拉罕英語學院確實與眾不同——週間每天上課、星期假日不開班等等，都是一般補習班不敢做的。家庭作業也是，不少家長因為這一點而卻步，覺得寫補習班的功課是「浪費時間」，但我們多年來始終堅持。

因為語言學家早已發現，就學習一門新語言而論，老師的教導、背單字等等步驟為「輸入」，說和寫屬於「輸出」，輸入後必須有輸出，形成一個完整的圓圈，所學的語言才能內化成為自己的一部分。

所以，家庭作業的確有其意義和必要性，不單只是加強課堂所學而已。坊間補習班可能一週上一天或三天課，學習無法得到持續性，而坊間流行的「遊戲化」教學方式與零星的課後練習，又令學習無法內化，結果只是唱唱跳跳幾小時，回家就忘了。

事實上，對於孩子的家庭作業這件事，近幾年在全世界引發了廣泛且熱烈的討論，連CNN、BBC等媒體也特別針對此議題進行調查和專題報導。基本上，持反對意見的歐美家長們覺得逼孩子做功課完全沒有意義，對於學習並無太大幫助，等同於大人無意義的加班；還說孩子幾乎大半的時間都待在學校，若回家又有一堆家庭作業，勢必占據與家人相處以及休息的寶貴時間。持不同意見的歐美家長則表示，目前的家庭作業不足以強化學習，甚至找更多的習題給孩子練習。

認為寫功課浪費時間的人，心態只有一種——寫完交差應付了事。我們開說明會的時候，會向家長們詳細解釋家庭作業的目的，而且**我要求家長，務必陪著孩子一起寫功課。過程中，你可以看到孩子的缺乏，才知道要給予他什麼幫助**。我還發現，寫功課時有父母陪的孩子，不僅效率高、完成度較高，學習成效相對也較好。一旦孩子領受了做功課帶來的益處，他就會願意做。但現在很多時候，反而是父母因疲累或想做自己的事，而失去耐心陪伴孩子。

不過，陪寫功課絕對不是要家長在一旁「下指導棋」，更不是代替他思考，一直告訴他這該怎麼寫、那個寫錯了——看起來似乎很盡責，實際上不僅對孩子造成干擾，還會阻礙他獨立學習。**即使發現孩子寫錯了，也不要馬上發聲糾正，要讓他能夠經歷自己思考和發現錯誤的過程。所以，我們口中的「陪」，是希望在父母的陪伴下，孩子養成良好的學習習慣**。多數台灣家長以為靠分數就能了解孩子的學習狀況，而孩子對學習有沒有熱情、有沒有學習障礙，這些遠比分數重要的事情似乎被輕忽了。孩子在學校上課的情況到底如何，家長其實看不到，只能透過老師的說法略知大概，陪寫作業無疑是最佳觀察時機。這麼做，對年紀小的孩子尤其關鍵，與其日後花大把時間、精力慢慢導正，不如從小就讓他養成好習慣。

許多事情無法立竿見影。培養能力和建立好習慣都需要時間的慢慢積累，短期很難立即看到成效。當孩子無法順利完成作業時，父母應該試著找出背後真正的原因，比如是孩子上課沒專心聽講，所以不會？還是孩子理解力比較差，跟不上老師教學的速度？或是孩子對某學科缺乏熱忱？又或是孩子本身的學習態度出了問題？家長只要陪孩子寫作業，就能看到不會顯示在成績單和聯絡簿上的東西。

發現原因才能對症下藥，提供孩子有效的協助。當孩子從茫然到一知半解，再到心領神會，他面對學業的能力和信心也將逐步建立。考試成績進步值得鼓勵，最重要的是，孩子能夠從中體會到什麼是成就感，這比大人給的任何獎勵都有意義。而這樣的體驗將伴隨他一生，讓他從容應對未來的大小挑戰。

除此之外我們要「陪」的，還有孩子的「情緒」——幫助他專心一意。試想，假如孩子寫作業的時候，父母在一旁看電視、玩手機、走來走去，孩子寫功課還能安心、集中注意力嗎？倘若陪伴一旁的父母，做的是正向的事情，例如工作、看書等等，自然也會把寧靜的心緒傳遞給孩子。

成就感是最大的學習動力

一所不迎合孩子喜好、一點也不「好玩」的學院，還有家庭作業和考試，為什麼孩子還願意來？因為我們給了孩子莫大的成就感。在學習過程中，若遭遇挫折或動機不夠強烈，確實會出現倦怠期，令人心生放棄的念頭。我們不難發現，成績好的學生通常不需要父母敦促，面對課業總是自動自發。相對的，成績稍差的孩子多半學習態度懶散，寫功課不專心，一天到晚需要被叮嚀。兩者的差別，就在於成就感。

在亞伯拉罕英語學院，連幼兒班的小孩都知道自己的英文有進步——從不識ＡＢＣ到一看到單字就會念，甚至懂那些單字的意思，他們其實很興奮的。成就感激勵了孩子繼續向前，想學更多、學得更好，那就是最強大的動力，比任何鼓勵都有用。

不只學習，其他事情也一樣，當一個人從某件事情中獲得成就感時，便有充足的動力往前邁進，這是人性。至於我們的考試，絕不是為了比較成績好壞，而是想藉此知道孩子的學習成效，進而發現孩子的不足之處，然後予以加強。

家長們自己也當過學生，應該明白這些道理，但有的家長確實不明白，他只覺得好痛苦，或者心疼孩子，認為現代小孩好可憐，所以要給他一個「快樂的童年」、「沒有負擔的童年」，這是一種自我投射的心態。他可能只記得從前父母對他的嚴格，所以希望自己的子女不要遭受這些。但他忘記是嚴格造就了今日的他，令他獲致目前的成功。如今他反而心疼這樣子的光景，其實是莫須有的。過去填鴨式教育，都是父母說、孩子照著做，書本上的東西死記死背，因為沒有說明、不知道自己究竟在幹什麼而痛苦。一旦有說明，孩子就能夠領悟，感受將徹底不同。

2 中英雙語並進，建立孩子的成就感

我要求學生要天天上課和做作業。

我的理由很簡單：語文和其他學科大不同，學習必須不間斷才具成效，否則極容易生疏，做作業則是進一步深化學習、強化記憶。

語言不只是一門學科而已，它是一把打開另一個廣闊世界的鑰匙。作為當今國際社會使用最廣泛的語言，英語的重要性早已毋須明言。眾所皆知，環境對學習語言是非常關鍵的因素；若身處該語言環境中，學習絕對突飛猛進，事半功倍。

與現今許多家長一樣，二十多年前的我，以母親的身分為了替孩子尋找一處優良的英語學習環境而費神。當時，不少經濟能力許可的家庭把孩子送進台灣的私立美國學校，或者乾脆直接送到美、加、澳等國，只為及早讓孩子融入英語環境中。不過，我卻覺得這麼做有待商榷——想學好英文，就必須放棄中文，甚至離開父母嗎？為了學另一國語言而放棄自己的母語，太得不償失了！這樣的想法，促使我催生了亞伯拉罕英語學院。

學好中文，也學好英文

一九九八年春季，亞伯拉罕英語學院正式成立。我衷心希望，這個學校能夠達到雙語並進的境界。在我的概念裡，**雙語並進就是同步學習——孩子在中文學校讀一年級時，同時讀美國小學一年級的課程；當他從中文學校畢業時，也同步完成了美國小學六年級的學業**。遵循並施行這套教學方法，才是我心目中真正的雙語教學。坊間有太多號稱雙語的學校，其中大部分只是安排一、二堂英文課，課堂上老師帶領學童用英文玩遊戲，說說唱唱，孩子能從中學到的東西極有限又不夠嚴謹；我認為這完全無法稱為雙語教學。

為了將美國小學教育真正落實在台灣小學生身上，我花了許多時間走訪與觀摩加州和舊金山的多所學校，並參考他們的教材；我發現和台灣一樣，美國的公、私立小學教材內容也存在一定程度的難易差異，且有些教材在年級與年級之間缺乏連貫性。最後，我決定採用美國一所私立基督教小學的教科書，包括語文、美國歷史、地理、健康教育、科學等，一整套完整的課本。這套教材是由美國Pensacola Christian College專屬A BEKA BOOK出版社所發行，經美國政府認可在家自學的用書。我主動與美國出版社聯繫，亞伯拉罕英語學院獲得了使用權。

這套教科書的架構採取「螺旋式」，也就是內容的編排循序漸進，實事求是，不花俏，也沒有太多五顏六色的卡通插圖。舉健康教育為例，低年級的課本會出現類似「十個睡覺的好習慣」的課文，告訴你睡覺前不能太亢奮，要刷牙、換睡衣等等。之後慢慢教到身體結構——從看得見的身體各部位，漸進深入至體內肉眼看不見的肌肉、器官，譬如消化系統中的食道、胃、十二指腸等。

念完我們學校G6班（等同於美國私立小學六年級）的學生，可以將眼睛由內到外的構造畫出來，並用英文標註眼球、虹膜、水晶體等等，身體其餘各部位亦然。具備這樣的英文能力，即便直接銜接外僑學校或美國中學都不是問題。

由於學生使用的所有教科書都是英文課本，所以孩子上歷史、地理等課的時候，等於同時上了英文課，獲得相關知識之餘更可從中學習各類單字和文法。當然，老師從頭至尾只使用英語授課。對我們的孩子來說，文法絕非死記硬背，因為老師的說話就是文法，課本的描述也是文法，跟學國語並無兩樣。另一方面，孩子並沒放棄中文學校的學習，這才是名符其實的雙語教學！

聽、說、讀、寫缺一不可

想要學好一門語言，聽、說、讀、寫缺一不可。我們自創校起便採用自然發音法，也叫直接拼音法。一個連ABC都不認識的孩子，在我們學校讀完第一年、學會自然發音法之後，看到或聽到任何一個單字就會念、會拼——即使他不知道那個字的意思，而且年紀愈小學習成效愈好。一項由麻省理工學院（MIT）參與、發表於權威科學期刊《認知》（*Cognition*）上的研究顯示，學習外語有「最佳關鍵期」，從十歲起學習率開始漸漸降低，約十八歲便不再出現學習率高峰。也就是說，青春期之前學習外語的效率最高，尤其是發音的部分，愈早學愈清楚準確。

和蓋房子一樣，學習語文只要根基良好，要往上建造很快也很容易。我們學校的強項就是為孩子打好根基，因為我們非常重視精準。坊間一般補習班的要求沒那麼高，更談不上精準，孩子的學習差異馬上顯現。譬如，有些孩子先前已在別的地方學過，來到這裡，我們會進行程度測試，才知道他適合讀哪一個級數。我發現這些孩子好像會聽也會念，但一碰到拼字就錯誤百出，這樣的孩子我們都視為需要從頭開始學。之所以出現這樣的狀況，除了沒有好好學自然發音法之外，要求不夠精準絕對是一大原因。對其他補習班而言，只要孩子回到家會聽會念，家長就覺得學習收到成效，殊不知根基其實一點也不穩固，日後怎麼可能學得好？

許多語言學家表示，雙語學習的過程並不如想像中容易，即便孩子會聽、會說第二種語言，依舊得經過一番努力，才能轉化為真正的成人語言技能。意思是，想讓孩子真正掌握雙語，光會聽、會說並不足夠——那只是極粗淺的普通會話——還必須會讀、會寫。舉一個最簡單的例子：許多出生在美國的亞裔孩子，生活中最主要、最熟悉的語言是英語，只因家裡使用母語的緣故，他們大多聽得懂也會講母語。但這些孩子如果沒有接受正規的中文、日文或韓文等訓練，單單只在家裡講卻不識字，將來在運用上絕對無法達到隨心所欲的水準。這印證了我的觀念：儘管孩子會聽、會說英文，讀和寫的能力卻不完善，並不能算是完整的雙語教學。

天天上課和做家庭作業，同樣是我們學校的創舉，自創校至今已堅持了二十多年。我的理由很簡單：語文和其他學科大不同，學習必須不間斷才具成效，否則極容易生疏，作業則是進一步深化學習、強化記憶。

此外，我們並非身處百分之百的英語環境之中，一離開亞伯拉罕英語學院，孩子日常使用的仍舊是中文，假如沒有約束孩子花一段時間寫功課，他肯定會忘記課堂上所學。除了作業，我們還有考試評量，藉此評估孩子到底吸收了多少。**分數不是要跟同學比，而是與自己比較；上次七十分這次八十分就是進步，值得鼓勵**。

專家們一致認為擁有雙語能力的孩子，對提升整體語言能力確實是有幫助的。及早接觸一種以上的語言，對孩子的學習來說更有一定程度的優勢。最近有研究顯示，由於文法系統的差異，雙語人士或多語人士在使用某種特定語言時，大腦會因該語言的文法結構自動切換思考方式，導致看事情的角度有所不同，進而產生新的觀點。這好比腦力訓練，會讓思考更加靈活。

學習英語當然可以很快樂，但絕不是像電視廣告演的，在唱歌遊戲中度過兩小時的那種快樂。我相信扎實的教法，打好根基，帶給孩子前所未有的學習成就感，那才是真正踏實的快樂，更破除了許多家長心中的迷思。

3 如何教孩子對自己的人生負責

教導孩子「受約束」並非要他受你「掌控」，而是讓他明白自己的身分，不逾矩，做自己身分內應該做的事，成為一個對自己負責任的人。

無可諱言，在教育這一塊，東西方父母的觀念與方式確實大不同。歐美國家的人民大多數崇尚個人主義，父母傾向於從小就給孩子很大的空間，讓孩子能自在發表他們的想法和意見。由於歐美國家在各方面的發展都很先進，導致許多台灣父母認為歐美的教育觀念一定是好的、成功的，我們應該全盤仿效。果真如此嗎？就我實際觀察，我覺得真實情況並非那麼理想。在凡事講求行銷的年代，各國政府都會包裝自己的國家，對內對外塑造出美好的憧憬與形象，但個中實情或許只有本地人最了解。

美式教育不等於隨心所欲

我成立學校的早期，頻頻被家長問：「你們標榜的是『美式教育』嗎？」

我通常反問家長：「在你的想像中，什麼是『美式教育』呢？」

即使二十多年過去，不少家長仍舊以為「美式教育」就像電視廣告演的那樣，上課態度輕鬆隨意，師生沒有界線——這完全是令人惋惜的誤導，不是事實。

美國跟世界其他國家都一樣，有好學校，也有名聲差的學校，重視子女教育的父母和台灣家長一樣，同樣想方設法搬到好學區，只為把孩子送進心目中理想的學校就讀。倘若經濟能力許可，收費昂貴但校風嚴謹的私立小學、中學當然是眾多選項之一。外國人看到的只是美國孩子早早放學、沒有厚重的書包、一派優哉游哉的模樣，沒看到的是他們經常跑圖書館找資料，寫各式各樣的作業和報告。

其實，每個國家的基礎和社會架構都不一樣，許多事並不能相提並論。更別提他們的大學有多難畢業，雖然美國入學相對容易些，但想讀到畢業就必須全力以赴，不可能「由你玩四年」。

由於父母以為美式教育就是任由孩子自由發展，結果教出了一群隨心所欲、只想享受權利卻不願負責任的孩子，我稱之為「不受約束」。

種一棵樹都需要修剪杈枒，何況教養孩子？很多家長一聽到「約束」二字會些微反感，覺得那麼做是「掌控」，有可能限制了孩子；但我認為「約束」二字，其實代表著在自己的身分裡面做應該做的事情；以我自己來說，在學校我是校長，回到家我是女兒、媳婦、妻子、母親，每一種身分的我都有應該做的事情。

身分決定做人處事的態度

在我的觀念裡，人與人之間的關係就是「身分」。每一個人從出生開始，便有其相對應的身分，隨著年齡增長，身分愈來愈多，擔負的責任也愈來愈多。面對父母是兒女的身分，面對手足是兄弟姊妹的身分，面對配偶是夫妻的身分，面對雇主是員工的身分。人若能按著身分行事，言行舉止自然得體合宜，知道什麼時候該做什麼事，我稱之為「守本分」。

若能認識自己的身分，做人處事便不會逾越分際。事實上，我們的身分就是為人處世的指引，不幸的是，太多人讓任性、私欲遮蔽了身分，以致逐漸失去辨別是非的感知力，在人生路上做出不守本分、自私自利的選擇。

現代人常說「忠於自我」、「做自己」，但那絕非不負責任、想做什麼就做什麼。相反的，我認為忠於自我代表的是認識自己的身分，做自己就是守本分。孩子若能守本分，就會懂得自我要求，做應該做的事，毋須父母多操心，對自己負責也對旁人負責。

同樣的，父母也要守本分。二十多年來，我因工作接觸了無數家長，無論職業如何、背景如何，許多家長面臨的最大難題，竟是身為大人卻搞不定自己的孩子！這些父母的本意或許是尊重子女，很多事情會聽從孩子意見，或乾脆將事件的決定權交給孩子。殊不知，讓尚未裝備足夠知識和判斷力的年幼孩子發號施令，已超過尊重的度量，導致孩子扮演了不屬於他們的角色，失去了做子女的身分。無法規範孩子的家長，同樣失去了父母的身分。

所以，教導孩子認識身分之前，為人父母者必須先認識自己的身分，家長的言教和身教，則是給孩子做直接、最實際的示範和教導。以我自己而言，面對兒子的時候我是母親，因此我的一言一行都必須有母親的樣子和擔當。

舉一個例子，直到前幾年，我兒子才知道我怕蟑螂。那天，一隻蟑螂突然掉在我的枕頭上，我當下被驚嚇地大叫：「兒子、兒子，這裡有隻蟑螂，你過來幫我一下。」他把蟑螂清理掉之後，一頭霧水地望著我，覺得很奇怪地問我，「妳怕蟑螂？」我向他解釋：「對，但我以前一直沒有表現出來。作為母親，在你小時候，我不能驚慌失措，一看到蟑螂就大聲尖叫，這樣你也會怕蟑螂。如果是那樣，今天我們家裡就會有兩個驚惶失措的大人。」

守本分即是受約束

教育是非常慎重的一件事，因此我們定期舉辦說明會與家長交流，藉此向家長說明我的辦學理念。我除了會解釋什麼叫「身分」，也會解釋何謂「受約束」。

在家裡，孩子的身分是子女，聽從父母的教導是為人子女的本分。在學校裡，孩子的身分是學生，學生的本分是學習。**孩子「受約束」，即是守子女的本分和學生的本分。若能成就這一點，孩子便學會「負責任」的真諦。**將來長大，也會成為負責任的父／母、丈夫／妻子、上司／下屬，更重要的是，對自己的人生負責。

早些年，我因著長姊的身分，每逢過年過節就會主動替娘家打點張羅，後來我才發現這麼做是錯誤的——我已經出嫁，卻搶了弟弟分內的事情來做，剝奪了他的權利。面對孩子也是一樣，父母若沒認清自己的身分，等於剝奪了孩子成長的機會，更剝奪了他的恩典。譬如，簡單的家務原本難不倒孩子，但你捨不得他動手就幫他做了，導致孩子本來該會的事也變成不會了。很多時候，我們因為不認識自己的身分，該做的沒做或做不到，不該做的卻做了，人最大的煩惱皆由此始。

我相信許多人如同當年的我一般，因不認識自己的身分，不願意守自己該守的本分，所以日子過得渾沌徬徨，稍不如意就換老師、換學校、換工作、換配偶，然而他們的生活沒有因此更好，反倒生出更多埋怨、比較、爭執。

許多人會將身分誤以為是個框架，其實不然。對我來說，身分更像是一個人行事的基礎；唯有建立完善牢固的基礎，才能盡情地、充分地發揮一己所長。我們常說「命運操之在我」，一點也沒錯。人的一生，小至今天晚餐吃什麼、出門要不要帶傘，大至事業婚姻，都是由無數的選擇建構而成。毋須埋怨老天，更不用算命問卜，我們如何選擇、往哪個方向去，才是決定自身命運的關鍵。就算生來是人生勝利組，假使做了錯誤的選擇，一樣會從雲端狠狠跌落。孩子若能在父母的教導下明瞭自己的身分並謹守本分，將來無論面對多複雜難解的人生難題，都能化繁為簡，化險為夷，做出最正確的選擇。

一個了解自己本分、願意受約束的學生，自然知道讀書、做功課都是分內之事。假使父母自幼便教導孩子受約束，日後何須為了小孩不好好念書、不做功課而憂愁？

怎麼教才能令孩子認識自己的身分並受約束？除了父母以身作則，還需要說明——**教導不是單純的下指令，過程必須有說明，說明的過程就是教育**。若缺少清楚的說明，只要求孩子做這做那，他當然不明白「為什麼要這樣」，更難建立正確的觀念。你可以告訴他，爸爸的責任是上班賺錢，孩子的責任是讀書寫功課。如果他不讀書、不寫功課，爸爸也可以不用辛苦上班賺錢，全家人就得挨餓了——也就是在要求他的同時，也說明不負責任的結果讓他知道。

一旦孩子明白什麼是受約受、守本分，將來他就很容易接受父母師長的說話和教導。老實講，我們學校的課程一點也不輕鬆，課後還有家庭作業、學期中有大小考，全台灣沒有一家全美語補習班敢這麼做，但我們的孩子都樂在其中，而且學得很有成就感。因為在老師的說明下，孩子都明白並且願意受約束，學習自然事半功倍。

4 不辦生日派對，不過耶誕節的英語學校

耶誕節乃至基督教文化是西方文明的重要基石，
所以我們教導孩子什麼是耶誕節，
但不在學校辦活動，更不在課堂上幫孩子辦生日派對；
理由很簡單，我希望教會孩子的是過生活，而不是過節日。

我是虔誠的基督徒，但亞伯拉罕英語學院卻從來不過耶誕節。很多人問我，為什麼？我的理由很簡單——**我們過生活，不過節。我們教導孩子耶誕節的由來，耶誕節在西方國家的文化意涵，以及西方人如何過耶誕節，但我們不慶祝。**坊間不少英語補習班多標榜教學生活化，每每以西洋節慶為由舉辦各式各樣的活動，唱歌表演好不熱鬧，有時還邀請家長前來「同樂」。這

些活動美其名為「成果展示」，但事實上，孩子除了吃喝玩樂地過了幾小時，又能真正從中學習到什麼寶貴的知識？

教導文化歷史，但不慶祝節日

曾經在歐美國家度過耶誕節的人都知道，從耶誕節前夕（Christmas Eve）至十二月二十五日當天，無論國際大都會或地方小城鎮，大街小巷幾乎空空蕩蕩，行人寥寥可數，大多數商店、餐廳暫停營業，人人回到父母家，與最親愛的家人共度這一天，情景可比擬華人闔家團圓歡度農曆春節。對以基督教文化為主流的西方國家而言，耶誕節有其宗教意義和社會意涵，兼具宗教節日與文化節慶雙重功能，不只是放幾天假、吃頓飯那麼簡單，歐洲不同國家甚至有不同的耶誕節習俗。假使以為裝飾耶誕樹、享用火雞大餐、互贈禮物等等就是過耶誕節，已失去西方人口中的「耶誕精神」。

反觀台灣和其他非基督教立國的東亞國家，基督教文化並沒有在風俗習慣中扎下深根，許多人只是一窩蜂地學西方人過節。說穿了，那全是商人的行銷伎倆——藉著耶誕節的名義與消費行為掛鉤，趁機推出期間限定商品或折扣活動，用刻意營造出來的氣氛刺激消費者購物慾，終極目標不過是營利罷了。如同情人節、萬聖節等等，耶誕節在商人眼中已淪為商機、變成毫無意義的購物節，我們實在沒必要隨之起舞。

但是，教導孩子認識耶誕節和其相關知識是必要的。古希臘文化與基督教文化堪稱是西方文明的兩大基石，基督教文化對現代西方國家的影響尤其深遠——其中的絕大部分可以在基督教義中找到根源。因此，國內各大學英文系，都將《聖經》文選列為選修科目。好比想學好中文，就不得不接觸孔孟思想與老莊思想，想學好阿拉伯語就必須認識伊斯蘭文化是一樣的。透過老師的講解，我們在課堂上帶孩子認識國外的耶誕節習俗，但不會在我們的教導裡帶孩子去慶祝。

教孩子過生活，而不是過節日

同樣的，我不認為在課堂上替孩子辦生日派對具有任何意義。許多小學、幼稚園、補習班都鼓勵孩子在生日當天帶蛋糕、糖果、餅乾來學校請同學吃、分贈小禮物予同學，說這樣可以讓孩子學會分享，能增進同學情感；在我看來，這真是讓人憂愁。這麼小的孩子絲毫不具備自力更生的能力，所有的一切都來自父母，蛋糕與禮物都由父母替他準備，不是他自己的，分享從何談起？尤其很容易在同學之間形成比較的風氣，譬如比較誰的蛋糕好吃、誰的禮物好，進而引發孩子虛榮的心態，這對學習一點助益也沒有。更糟的是，買什麼樣的蛋糕、選多少價位的禮物，對家長還會造成心理壓力。事實上，網路有些論壇已出現討論的聲音，不少媽媽都留言，質疑學校辦生日派對存在的意義。

除此之外，我個人還有一個想法。古人因醫療條件有限，難產率極高，故將婦女分娩形容為「到鬼門關走一遭」，意指生孩子的危險和艱辛。對於母親來說，生產是一個非常高的代價。根據世界衛生組織WHO於二〇一七年的估計，每天約有八百三十名女性因懷孕和分娩過程中的併發症而死亡，這一統計數據已經比一九九〇年減少了44％。儘管現在醫學發達，已大幅降低分娩的生命危險，但生產過程中的疼痛，仍舊是每個媽媽無可避免的磨難。倘若把疼痛感由輕至重分作十級，生產大約排在七至十之間，與嚴重燒燙傷、癌症導致的疼痛不相上下。也就是說，我們每個人歡天喜地慶祝的生日，其實是母親受苦受難的日子——「母難日」，媽媽才是主角。我們過生日最該做的，應是感謝母親辛苦懷胎十月生下我們，絕不是跟同學朋友一起吃喝慶生。早先人在生日當天，是要向父母磕頭的，雖然現代人早就沒了這個習慣，但起碼應該向媽媽說一聲謝謝，對父母的給予心懷感恩。

亞伯拉罕英語學院從創立至今沒有舉行過一場生日派對。我們很幸運生在物質不虞匱乏的年代，可能因為富裕加上少子化，許多父母想盡辦法寵孩子。曾有家長帶蛋糕和禮物來，說孩子生日，想請老師將蛋糕和禮物分給大家，我們都會說明校方的立場，再請家長把東西帶回去。對我來說，辦英語學校除了教英文，也有義務將正確的觀念傳遞給下一代。

5 書本以外的學習

學習外語若缺乏持續性，很難內化為自己的一部分。即便放暑假，也要設法維持孩子的英語環境，才能透過反覆練習，延續孩子的學習。

無論大人或孩子，想把外語學好，長時間不間斷的學習與練習是一個極重要的因素，否則之前的努力很容易白費。所謂熟能生巧，若學習缺乏持續性，想把外語內化為自己的一部分，確實存在一定的困難度。不少法文系、德文系、西班牙文系的大學生，在求學期間都能說一口相當不錯的法語、德語、或西語，課本上的單字也都能熟記，可惜出社會工作之後，或許因為職務和所學語言無特別關聯，再加上自身沒有像學生時期那樣密集練習與接觸，久而久之，大學四年所學的東西很自然就忘了。英文也是如此。

在歡樂中培養孩子面對挫折的能力

暑假期間，亞伯拉罕英語學院為孩子安排的上課內容會比平時輕鬆、多元，譬如釣魚課、配音課、烘焙課等等，讓孩子有放假的感覺。但為期兩個月的課程仍舊採行全英語，目的是讓孩子的英語環境不因假期而消失，並透過反覆練習延續和加強所學。當然，除了英文學習的持續性，我們也很希望孩子能從生活課程中獲得正確的觀念和日常技能，像是釣魚、烘焙課等。

舉釣魚課為例，我們並非一開始就讓孩子拿釣竿，而是先教導孩子釣魚線怎麼綁、魚餌怎麼做，讓他們知道「工欲善其事，必先利其器」的道理。我們還向孩子說明，假使最終釣不到魚該用什麼心態面對。這些隱藏在表象之下的東西，正是我們想藉由這堂課傳遞給孩子的訊息。**釣魚最需要的就是**

等待；等待訓練的是孩子們的耐性，也就是自我克制和自我管理的能力。

耐性不是天生的。孩子因為理性和自我管理的意識發展得還不夠強健，一旦對某件事失去好奇心、覺得不好玩了，耐心便跟著失去了。幫助孩子培養耐性，對他將來的人生很重要。有耐心的孩子意志通常比較堅定，遇到困難不容易半途而廢。

烘焙課也一樣。烤蛋糕或烤餅乾，最重要的是井井有條、按部就班，每一個環節都必須精準不出錯，手忙腳亂一定無法做出合格的成品。萬一烤出來的蛋糕或餅乾不那麼成功或不漂亮，我們會告訴孩子如何面對挫敗和失望，**學習從失敗中汲取經驗，下次就可能有進步**。這都是我們想給孩子的教導。

配音課就更有趣了，不僅讓孩子有機會練習正確的發音，還讓孩子在心、口、眼、耳並用的過程中，潛移默化地明白並實踐何謂「專心」。

所謂的耳到、眼到、口到、心到，多種感覺器官並用，其實是在鍛鍊大腦、強化大腦處理信息的能力，令記憶力、反應速度和注意力得到提升。

這些看似很歡樂的活動，在我們的悉心設計下，孩子不僅學到英文，還從我們的說話裡獲得許多正確的觀念與態度；所以即使在暑期，我們也有一貫的理念和作法，不是放任孩子玩耍而已。

我一直強調，**教育最重要的一環，便是灌輸孩子正確的觀念與態度**；每個孩子都是一張白紙，他日後變成什麼樣的人，全看父母師長從小給他什麼、環境影響了他什麼。許多父母是醫生、教師或務農的孩子，長大後也選擇了和父母同樣的職業，這就是父母的影響，也是我們俗稱的「家風」。

裝備孩子的將來

不管釣魚課、烘焙課之類的暑期活動或平時的考試，孩子最後呈現的成果難免有好有壞，但我們會**去除**掉當中「比賽」的成分，因為我們**不**鼓勵「比較」，更不希望孩子因比較產生無謂的優越感——這是不健康的。**我們**

期待孩子在學習的部分，是跟自己較勁，做到自己的最好，而不是跟別人比賽誰分數高、誰分數低。

「比較」是一種危險的心態，會在人與人之間製造對立，兩方都無法從中獲益。根據心理學家分析，輸方會懷疑甚至否定自我價值，認為自己無力掌控生活中的大小事，整個人愈來愈消極，不僅會產生短期或長期的心理陰影，還被證實會損傷孩子的大腦發育。贏方則日益依賴獲勝帶來的虛榮感，進而扭曲了價值觀。每一個孩子都是獨一無二的個體，立基點不一樣，無從也無需和他人比較。所以我們只鼓勵孩子進行自我比較，從過去的經驗中求取進步。

我們還經常告訴孩子，要追求進步。什麼叫進步？不見得是突飛猛進，從五十九分到六十分也是進步。我們會很正面地跟孩子說：「很好，繼續努力。」同時讓孩子知道，**在學習語文的過程中不用害怕犯錯**，一旦記住為什麼犯錯，往後不再重蹈覆轍，犯錯反而可以讓人學到更多。這些小事情都是我們日常灌輸給孩子的觀念，希望落實在他們心中，對未來的人生中有所助益。

在我的觀念裡，教育的意涵是懂得多的人，向不懂的人引導開啟。教育的目的則是為將來做預備。父母師長所要做的，是在孩子還沒進入社會或遇到問題之前先學會面對和預防，好讓他將來遭遇問題時知道該怎麼處理，等碰到了再邊教邊學已經太遲。

我一直反對「機會教育」，那是「無知教育」的代名詞——因父母不懂得怎麼教，藉著孩子的失敗來訓誡孩子。譬如，玩火會有什麼危險？大人可找新聞圖片或消防影片給孩子看，在網路發達的現在，這些資訊是很容易取得的。不能等他真的玩火、造成損傷的時候，再告訴他玩火是不對的。**涉及危險之類的事就要教在前面，孩子們才不會因好奇而隨便去碰觸或試探**。

不少人問我：「開英語學校，把英文教好就夠了，有必要管這麼多嗎？」我想，這正是我們學校與其他機構不一樣的地方，我們的老師和員工都抱持著「這是一所正規學校」的心態來面對孩子、教導孩子。

我還常常聽到這樣的聲音：「校長，妳明明是個很溫暖、很感性的人，為什麼一談到教育，就變得異常嚴肅？」

我的態度嚴肅，因為教育是一件非常嚴肅的事，我必須鄭重面對。帶領孩子去往哪個方向更是嚴肅的議題，我有義務非常慎重地向家長說明。

6 身體的教育課

孩子的第一堂「身體的教育」課程，就是男女有別，以及對自己身體的看重。我們讓孩子明白，身體是非常私密的，需要好好保護，不能隨便給別人看，別人更不能隨便觸碰。

面對「性」或者和「肉體」有關的事，華人的態度向來趨於保守，連朋友之間的聊天閒談都很少提及這個話題，遑論開口教導孩子。老一輩的父母總以為等孩子長大自然就會懂，不需多言，或是講得含含糊糊，這些方式其實都很偷懶。時至二十一世紀，老一輩的那一套完全行不通了。現今網路如此發達，資訊的取得太容易，即便父母隻字不提，孩子在好奇心的驅使下，仍舊可以自行上網找資料。只是，在自己無法判別、又沒有大人監督與說明的情況下，孩子接觸的相關資訊是否正確與健康？會不會被謬誤的觀念誤導？確實令人擔憂。不過，令眾多現代父母難以啟齒的癥結點並非他們不願意教，而是不曉得該怎麼教。

身體不能讓人隨便觸碰

身為教育工作者，我無法迴避、也不需要迴避，用知識這個議題裝備孩子、教授他們正確的觀念是我的職責所在。我認為「性教育」這樣的說法有點以偏概全、太侷限了，稱作「身體的教育」更完善。亞伯拉罕英語學院的老師們教導孩子的第一堂「身體的教育」課程，就是男女有別，以及對自己身體的看重。我們讓孩子明白，身體是非常私密的，需要好好保護，不能隨便給別人看，別人更不能隨便觸碰。

我們同時會告訴家長，跟男孩子、女孩子講解「身體的教育」時，需要注意的重點不一樣。譬如，我們主張女孩子到了差不多四、五歲的年紀，便不適宜跟爸爸或兄弟一起洗澡，也不能讓爸爸幫她洗澡。

有一種情形很普遍，但家長最好留意。**年幼的孩子很可愛，許多人看見都想親一親、抱一抱，這種行為非常不恰當，父母應該有主權的予以阻攔。**因為孩子年紀小還分不清楚，如果誰都可以抱、可以親他，他會以為任何人都可以靠近他，這是很危險的。

我們有一個小女生，在學校的時候幾乎向每一個人撒嬌討抱，而且時常隨意地倚靠在別人身上，毫不避諱與不熟的人進行肢體碰觸，令我相當憂心。此外，這個孩子的眼神很游移，無法集中在跟她對話的人身上。經過了解，我才知道這個中原因。孩子的家族頗龐大，家中成員眾多，家族企業經營得很成功。由於她是整個家族第一個誕生的第三代，所以從小萬千寵愛在一身，以致於她覺得讓別人抱一下就能獲得好處。我向家長反應了我的擔憂，並且告訴孩子，她已經讀小學一年級了，以後不能再隨便讓別人碰或親。

做好準備，迎接成長

孩子對於萬事萬物都會感到好奇，對自己的身體也不例外，他們會用手觸摸、探索。我們曾遇過這樣的案例：幼兒班的孩子午睡時會把弄自己的性器官，男生、女生都有。老師發現時只是直接把孩子的手移開，請他繼續睡覺，不會加以責罵。對這階段年齡的孩子而言，把玩私處就像玩耳朵、玩頭髮、玩手指一樣，只是一個需要被改正的壞習慣，不具任何特殊意義，大人不必大驚小怪。但我們會告知家長，請家長協助導正。

事實上，現在許多小孩很早就擁有自己的房間，獨自一個人睡，所以父母並不知道孩子夜晚睡覺時有什麼壞習慣。有些家長問我怎麼辦？我的建議是加裝錄影設備，藉助科技的力量。這麼做不是為了監控或監視，孩子這麼小，根本沒這樣的心思，純粹是大人自己的主觀想法。假使父母告訴孩子，錄影設備是為了保護他、陪伴他、讓他晚上不害怕，他肯定會欣然接受。

大約到了小學三、四年級，我們開始教導孩子認識生殖器官，以及男性和女性的生理構造有何區別。譬如男性有睪丸，女性有卵巢和子宮等等，也會解釋男女兩性的器官為什麼不同，新生命是如何孕育繁衍的，而老師們的講解都很清楚、專業、鄭重。從創立亞伯拉罕英語學院至今，我一直有一個不變的觀念：**教育的意涵就是幫孩子做好準備，讓他們預先擁有足夠的知識，才能從容面對各種即將到來的狀況。身體的發育當然包括其中。**我們向孩子舉例，蝌蚪變青蛙的過程中身體會變得不一樣，人類也是。

現代孩子發育得早，女孩子的第二性徵可能在小學四年級、五年級便出現了，譬如胸部日漸變大，陰部長毛等等，讓她們事先知道自己的身體成長之後就會發生這些變化；一旦知道了，好奇心便不那麼強烈。女性生理期的相關事宜更是必教。月經形成的原因是什麼？月事來的時候會怎麼樣？要怎麼預備？事先清楚說明白，孩子就不會緊張地手忙腳亂，驚惶失措。等孩子進入青春期才教就太遲了。

保護並看重自己的身體，認識身體的功用但不能濫用，這是我們在身體

的教育這門課裡想傳遞給孩子的觀念。我建議家長，不妨抱持和我一樣的鄭重態度，視孩子的年齡予以適當的教導。此外，請使用正確的辭彙加以解說，不要用一些神祕兮兮、充滿隱喻的詞替代，否則反而會增添孩子心理層面的禁忌感，沒有任何幫助。當孩子提出疑問時，家長千萬不要避重就輕或責罵他，要誠實回答他的問題，即便涉及性交也一樣，向孩子說明，地球上所有動物都必須經過這個歷程才能繁衍後代。

「身體的教育」是個嚴肅的話題，正確的教導事關孩子的身心健康，實在不容父母規避。孩子進入青春期之後，不僅生理產生劇烈變化，連心理也會有微妙的轉變，唯有他們自身掌握正確的知識，才能用正確的心態面對。

7 當孩子的伯樂

每個孩子都是獨一無二的，父母因材施教，
便能夠為孩子的成長提供最有利的條件，
他也會堅定地知道，自己的人生該往哪個方向走。

多年前，我一位女性朋友興沖沖地告訴我，她五歲大的兒子對彈鋼琴很有興趣，主動表示想學鋼琴，她已經報名才藝班了。我當場潑了她冷水，我說那不是興趣，是好奇，還勸她先別急著買鋼琴，在老師那邊練習就好。畢竟鋼琴價格不菲，而且體積大占空間，萬一哪天孩子不想彈了，處理起來會很麻煩。大概一年半到兩年過後，那位朋友忽然向我提起，幸好當初聽了我的勸告，沒有一時衝動買鋼琴。我問她怎麼了？她說孩子果然失去耐性，不想繼續學琴了。

要怎麼分辨孩子對某項事物是興趣，還是好奇呢？我認為當孩子覺得自己的琴技比別人厲害，獲得正向的回饋，成就感被激發出來了，他才會真正對彈鋼琴產生興趣。所以興趣是要靠後天培養的，不會突然冒出來，那種突然冒出來的都是好奇。天賦則是與生俱來的能力，不需要花太多時間鑽研或練習，一下子便能抓住個中訣竅。

是好奇，還是興趣

面對孩子的好奇、興趣、天賦，相信許多家長和我那位朋友一樣，內心都有相同的疑惑，唯恐自己的誤解或錯漏，埋沒了孩子的無限可能。於是，一旦孩子表現出任何「對某項事物有興趣」的徵兆，家長的第一反應，多半是送他們去才藝班，希望藉由專業老師的教導和課程的啟發，讓孩子的潛力得到充分發掘。可惜，大多數的狀況是，進了才藝班之後，孩子過沒多久就厭倦不耐煩了，想盡各種推託的理由不去上課。所以我才說那是好奇。

從好奇到真正有興趣，必須經歷學習和印證的過程。我所謂的印證，指的是孩子的表現被肯定、被稱讚，大幅增加了他的信心。假如孩子每次數學成績都不及格，怎麼可能對數學產生興趣？

從好奇發展為興趣是循序漸進的，需要一段時間。包括人類在內的所有動物，幼年時期都具備強列的好奇心，那是我們認識這個世界以及開發自身五感的方法。所以幼童普遍喜歡拿起樂器敲敲打打、捏著筆四處胡亂塗鴉、或者隨著音樂蹦蹦跳跳，這並不代表他們對音樂、繪畫、舞蹈感興趣，孩子根本不理解這些行為的意涵。對他們而言，純粹是好奇和新鮮，當然也有好玩的成分。

真正的興趣得靠培養。家長該怎麼做，才能正確地培養孩子的興趣？當孩子表示對繪畫或彈鋼琴有興趣時，家長切莫太過心急，以為自己家裡誕生了下一個張大千或郎朗，因為你還不確定他究竟是好奇還是興趣。雖然好奇可以幫助孩子找尋興趣在哪裡，但隨著時間推移，令孩子感到好奇的事物也會隨之改變。在初期嘗試的階段，父母應該先營造適合培養這個興趣的環境，再決定下一步的行止，而非一開始馬上送孩子去才藝班。

譬如，孩子喜歡畫畫，沒事就愛獨自靜靜坐著畫圖，父母不妨多加鼓勵，然後買一些畫筆、繪本之類的工具給他。等過了幾個月他仍舊樂在其中，甚至主動花更多時間於作畫時，父母便可尋找專業老師為他啟蒙。假使孩子經過一段時間就把父母買的畫圖工具束之高閣，家長可以放心確定他真的只是好奇罷了。音樂類興趣的培養也一樣，與其早早送孩子去學拉琴、學彈琴，不如選購玩具樂器給他玩，並多播放小提琴演奏、鋼琴演奏給他聽，看看是否新鮮勁一過就拋諸腦後。

即使孩子已經到才藝班受專業老師啟蒙和教導，仍舊有中途想退出的可能。發生這樣的情況時，家長最好不要責備孩子任性、變來變去或半途而廢，因為他沒深入嘗試，怎麼知道自己到底喜不喜歡。此時，父母不妨協助孩子梳理，看他究竟是好奇心被滿足而不想繼續了，還是遇到進步的瓶頸。如果是後者，父母應當鼓勵孩子，給孩子持之以恆的信心和動力。不過，家長只能引導不能強迫，否則會適得其反，令孩子心生厭倦，沒有動機的學習是很痛苦的。

引導孩子找到自己的路

天才少之又少，但天賦人人都有。有學者主張，天賦是一個人未經訓練之前的潛能，包含生理和心理兩個層面，譬如智力、創造力、五感能力、肢體動作能力等等。透過後天訓練發展而來的知識或技藝則是才能，例如文學、藝術、科技、運動等項目。莫札特和蕭邦兩位偉大的音樂家，十歲不到即展現出驚人的音樂才華，那正是天賦。有人愛作畫並畫了一輩子的畫，作品卻不見得出色，那也是缺乏天賦的緣故。

與興趣相比較，天賦不一定會明顯外露，如何發掘孩子的天賦，需要靠父母長期深入且細膩的觀察，這也是為什麼我堅決要求，家長無論多忙也要空出時間，陪伴孩子讀書習作。除了感情層面的陪伴，**陪讀也是家長觀察孩子的大好機會。過程中，既能了解孩子的優缺點和特質，又能洞察孩子的內心世界，還可以從中發現孩子的潛能，並且培養孩子的興趣**。若能將興趣和天賦兩者結合，在相關領域必定如虎添翼。譬如，有人味覺和嗅覺特別靈敏，平日又喜歡烹調，擔任廚師絕對比別人傑出。

閱讀不啻為引導孩子探索自身天賦最簡單的途徑，但這只適用於年齡稍大的孩子。在琳瑯滿目的書籍中，孩子最喜歡哪一類的著作，科學知識、自然生態、美術設計、人文歷史或者文學名著？他喜歡的原因是什麼？這些都值得父母仔細觀察推敲。從孩子的選擇中，他的喜好和天賦會逐一顯現。

此外，和培養興趣一樣，在探索孩子具有何種天賦的歷程中，家長要試著創造多元的、適宜的學習環境，讓他有機會發掘並實踐自身的天賦。心理學家認為，當孩子身處適合的環境中，會不自覺啟動內心的連結機制，使得他更容易去感受與運用自己的特質，進而發揮潛藏的優勢能力。

以我們學校的烘焙課為例，課堂中，孩子們因為課程內容新鮮有趣，每一個人都興致勃勃。但同樣是初次接觸烘焙，有的孩子明顯比其他同學心靈手巧，老師稍微講解他就能上手，烤出來的蛋糕也有模有樣，那便是天賦了。

當孩子具備某種天賦時，他做該件事會顯得格外得心應手，同時有一股沒來由的信心和滿足感。而且，不管父母贊同與否，他投入其中的時候就是滿心歡喜，別人怎麼評價他的成果都不重要。二十六歲便享譽國際的時裝設計師吳季剛（Jason Wu）就是最典型的例子。由於從小愛玩芭比娃娃，他一度讓母親相當憂慮，但吳媽媽從觀察中發掘到兒子的天賦，一步步予以引導和支持，才造就了吳季剛今日的成就。如果吳媽媽當年妥協於世俗的眼光，吳季剛的人生將是另一種完全不同的面貌。

父母要提供多元的、適宜的學習環境，並給予孩子適當的引導和鼓勵，將有助他更精確地探索天賦，培養不同的興趣，帶著信心和祝福創造屬於他自己的人生價值。

二

和孩子溝通的技巧

溝通是雙向的，並非自己滔滔不絕地說，更要用心傾聽。溝通的目的是彼此在過程中產生共識，最終朝相同的目標邁進。和孩子溝通也一樣。親子之間若能建立良好、良性的溝通方式，孩子自然會聽進並聽從父母的教導，不再將父母的話當作耳旁風。

8 孩子的位格和你不一樣

一個人的身分即是他的位格，
也就是人與人相對應的關係與位置。
你的位格是父母，在孩子尚未長大成人、積累足夠的辨別能力之前，
只能領受父母的給予。

「教育」這一詞彙由「教導」和「養育」結合而成。教導又排在養育之前，可見其無與倫比的重要性。沒有人天生就懂得如何當父母親，總是自己生兒育女、身分改變之後，才在教養孩子的同時一步步摸索、學習，或許借鏡當年受爸媽教導的親身經歷，或許參考坊間琳瑯滿目的相關書籍，然後於實踐的過程中去蕪存菁，漸漸發展出一套自認為適用的法則。

你和孩子是「授」與「受」的關係

隨著時代演進，現代家長面臨的問題當然與過去不盡相同，教育子女的方式與父母輩、祖父母輩肯定也不一樣，好比如何規範並指導兒童使用網路與3C產品，便是近十多年才出現的議題。不過，諸如四維八德、倫理綱常等為人處世該遵循的核心價值卻是亙古不變的，也是為人父母師長最應當傳遞給下一代的正確觀念。

在亞伯拉罕英語學院，我們經常碰到一個問題——不少家長會請求我們幫忙傳達一些訊息給孩子；說白了，就是幫家長向孩子「說教」。譬如：「老師，你去跟我孩子說怎麼做好不好？我講了好多次都沒有用，他最聽老師的話。」

怎麼會是老師講有用，父母講沒用呢？孩子為什麼不聽從與他最親近爸媽的教導，反而聽老師的？我覺得不可思議。在職場多年觀察的結果，我發現親子之間若出現這樣的狀況，通常是位格出了問題。

什麼叫位格？一個人的身分即是他的位格。父母、子女、丈夫、妻子、老師、學生、老闆、員工等等，都是**所謂的「位格」**，**也就是人與人相對應的關係與位置**。每一種位格都有其應做的事和應守的本分。這和封建或保守一點關係也沒有，放眼全世界，人類社會的架構和秩序，正是建立於種種各司其職的位格之上。試想，今天若員工自作主張、不理上司指派下來的任務，或者老闆不拿出魄力、任由員工恣意而為，這間公司豈不運作失常亂了套？家庭和學校也一樣。

愛孩子，不討好孩子

我常跟家長說，我們**愛孩子但不討好孩子**，兩者相差甚巨。討好是諂媚、奉承、放任，愛裡面卻有責備、有說明、有開啟，絕非一味地寵溺；會討好孩子的父母，往往是失去位格的父母，難怪孩子不聽教導。舉一個簡單的例子，在餐廳用餐時，我們經常見到一個景象——媽媽夾菜給年幼的小孩，用娃娃音說道：「我們『吃菜菜』好不好？」乍看之下好像很正常，其實謬誤百出。

首先，媽媽與幼童的位格不同，兩者的關係是「授」與「受」，且人生經歷天壤之別，根本不存在討論的空間，問小孩吃不吃青菜反而增加了管教的難度。假使孩子答「不好」，難道就作罷，允准他不吃青菜嗎？這年歲的孩子為什麼要多此一舉詢問他。你的位格是父母，在孩子尚未長大成人、積累足夠的辨別能力之前，只能領受父母的給予。

現在確實有許多父母喜歡採用「討論」的方式和子女溝通。這類型父母通常覺得自己很開明，可惜忽略了一件事：年紀小的孩子對許多事都還懵懵懂懂，並不具備正確選擇的智慧，也沒有足以分辨是非的判斷力，他發表的想法，十之八九是以自己的喜好出發，所以不具備與父母討論的資格——尤其是學齡前的孩童。我還觀察到一個現象：被父母用討論式教育養育的孩子，多半很能說出一番大道理，然而執行力和行動力卻很差，往往說得出、做不到。那麼，有些家長或許會問，什麼時候才能和孩子討論？我建議起碼要等孩子上了高中之後。

疊字和娃娃音是我們絕對要避免和孩子對話的。不少父母喜歡用疊字和娃娃音跟孩子說話，譬如「吃飯、吃菜、穿鞋」講成「吃飯飯、吃菜菜、穿鞋鞋」，認為這種「童言童語」很天真可愛；殊不知，孩子會模仿你的一言一行。**用正常的語調和正確的發音與辭彙同孩子對話，他們才能及早學會正確的語言觀，也就是發音準確，說出來的內容有邏輯**。在孩子牙牙學語的重要階段，大人最好避免給他錯誤的示範。如果連我們自己都無法好好說話，又怎能要求孩子好好說話？等他年紀漸長才費心教他正常講話，是畫蛇添足。此外，別忘了說話時眼睛看著孩子，讓他學習你的嘴型，這對他將來學習外語肯定是一大助益。

更重要的是，你用娃娃音與孩子說話，無形中降低了自己的位格——從成人降格為小孩。不同位格的人，說出來的話分量是不一樣的；你既然是

「小孩」，孩子為什麼要信服你、聽從你？許多父母很無奈，感嘆孩子怎麼講都不聽，無計可施，不知道如何教；在我看來，孩子不領受父母的開啟，完全是因為父母愛孩子的方法失格了。

同時，**教導不是單純的下指令，過程必須有說明**，我稱之為**開啟**，即古人所謂的**啟蒙**。倘若父母只是命令孩子做這個、做那個，卻沒有給予充分的說明，孩子不會明白其中的原因，更不會明白做與不做的好處與壞處，教導的過程自然會相對辛苦。譬如你要孩子吃青菜，你必須清楚告訴他青菜中的各種營養素有益身體健康，缺乏這些營養素很容易生病，一旦生病就得看醫生。沒有哪個孩子樂意吃藥打針，小腦袋權衡利弊得失之後，吃青菜對他而言便沒那麼痛苦。你的目的也達到了——既讓他吃下青菜，又讓他領受你的說話。

我學校的學生之所以聽從老師的教導，是因為我們始終以師長的位格自處，愛孩子卻不討好孩子。守住父母的位格，行父母應行之事——**你向著孩**

子是說明、是開啟，他向著你是接受。在你的引領下，孩子必能走上正確的人生道路，做一個負責任的人，做一個認識自己身分的人，做一個在不同環境中行合宜之事的人。

9 不用大吼大叫就能讓孩子聽話

與其對孩子大吼：「不要亂跑！」
不如看著他的眼睛，用溫和堅定的語氣說：「請你好好走。」
以肯定句代替否定句，更能給予孩子正確的觀念。

讀者們對以下的場景一定不陌生：公共場所，某個幼童忽然失控——或者大聲尖叫哭鬧，或者不顧危險四處奔跑，他的媽媽實在按捺不住脾氣，不禁提高嗓音旁若無人地責罵孩子，內容不外乎「不准這樣、不准那樣」，無奈大人怎麼講孩子依然故我，以致親子倆吵吵鬧鬧引來眾人側目。也許你自己就有過類似的經驗，卻苦無應對良方。

多肯定，少否定

我時時提醒自己與同仁，**和孩子說話時要看著他們的眼睛以表慎重，並且盡可能地避免使用「否定式命令句」語法**。

在餐廳、捷運等公共場所，大部分爸媽想導正孩子的失當行為時，多數抱持否定的態度並用命令的語氣訓斥孩子，譬如「**不要跑**」、「**不許哭**」、「**不准大聲喊叫**」等等，結果顯然無效；孩子們根本完全不理會怒氣衝天的父母，照樣在公共場所奔跑、大叫、哭鬧，不但令自身陷入危險，也造成他人困擾。

父母管教的目的原是希望孩子守規矩，卻偏偏用「否定句」約束孩子——來自大人的否定，反而強調了他不好、不正確的舉止，效果當然適得其反，難怪怎麼講孩子都聽不進去，再三犯同樣的錯誤。此外，教孩子「不要……」其實很消極，因為你並沒有告訴他應該怎麼做，孩子怎麼會知道該如何做，才能改正自己的失當。

舉例來說，儘管我們的老師們時時提醒「在學校內不可奔跑」，但孩子們處於好玩好動的年紀，偶爾還是會用跑的上下樓梯，自己踩空跌跤或撞到他人都很危險。我或其他同仁如果碰到這種情況，絕對不會高聲喊說：「某某某，你不要亂跑！」而是**用溫和但堅定的語氣，看著孩子的眼睛告訴他：「請你好好走。」這就是告訴孩子具體的方法**。

再舉一個例子，上課期間若有學生交頭接耳，老師會說：「某某某，請專心聽老師說話。」而非氣呼呼地大喊：「某某，不要講話！」

這樣的表達方式不僅排除了話語中的負面情緒，還帶有鼓勵的意味，可讓這件事深化於孩子心中——遠比大吼大叫有效，態度也正向、積極多了。原因很簡單，**溫和但堅定的鼓勵語氣會讓孩子覺得大人是愛他的，是在教導他，並非責難他，抗拒或排斥的心態自然而然大幅降低，願意受管教和約束**。

除了給予孩子明確、正確的指導，別忘了用心**向孩子說明，他失當的言**

行舉止會產生什麼後果？他有無獨自承擔的能力？不過，家長務必做好自己的情緒控管，任何氣話、狠話、誇大其辭的話都沒有幫助。同時，你可以嚴肅，但請實話實說，切勿編造一些不現實的、騙孩子或嚇唬孩子的話，諸如「鬼怪、巫婆會把不聽話的小孩抓走」之類的虛妄言詞。

給予孩子愛的澆灌

現在的小孩非常聰明，聽得出你的關心與慎重，也聽得出你的隨口敷衍。**和孩子說話時看著他的眼睛，無形中更強化了你話語中的關心與慎重。**設想，假使有人一邊和你講話、一邊盯著手機滑，你會覺得對方看重你們之間的談話嗎？答案想必是否定的。或者，你倆交談時對方一直東張西望，總是不看你的眼睛，你對他的信任度大概不會太高。我曾看過一則BBC的報導：心理學家和神經科學家針對「眼神交流」此一議題已研究了數十年。他們發現兩人相互凝視會立即引發大腦的一連串反應，並持續吸引彼此的注意力，讓我們更專注於雙方的互動。即便只是觀賞一幅看似有眼神交流的肖像畫，腦部負責社交的區域也會有所反應。還有一項國外的相關調查：課堂中，聽課時注視著老師的學生，對上課內容的理解力和吸收力，遠高於只聽課卻不看老師的學生。

由此可見，說話和聽話的重點除了言語本身，還包括說話者和聽者雙方的眼神交流——也就是眉目所傳達的情感。有時候，一個溫暖的、充滿愛的眼神會勝過千言萬語。所以，和孩子說話時看著他的眼睛，不單單表示你很重視這段談話，更深化了你們的親子之情。

此外，多鼓勵孩子回應你的話。孩子的回應不僅積累他日後開口說話的能力，一來一往更為親子關係加溫。我時時勸告家長，無論工作多忙碌，千萬別吝嗇跟你的孩子說話，也不要因為孩子小，你要重複說同樣的話而感到不耐煩。

英國約克大學（University of York）曾進行相關研究，主題是探討照顧者和孩子之間的言語交流，對孩子的認知能力是否會產生影響。結果發現，照顧者與孩子之間說話的量，的確會為孩子的智力發展帶來正向的引導。也就是說，親子之間的話越多、說話時間越長，孩子的認知能力會更好。尤其在算數、邏輯推理和形狀辨識等層面的表現突出。如果照顧者和孩子說話的時候經常使用不同辭彙，孩子認識的字詞也會變得豐富且多樣。同時，**當照顧者積極地回應孩子、鼓勵孩子多表達，孩子的攻擊性、不安情緒和抗拒心態也會隨之降低**。可見，和孩子說正確的話以及聽孩子說話多麼重要。

我一再強調，孩子是純淨無瑕的，你給他什麼，他就吸收什麼、長成什麼。現代多數人是雙薪家庭，父母都得工作，只好將孩子交由褓母或者托兒所照顧；父母下班回家，看見孩子吃得飽、穿得暖、睡得好、無病無災，便以為這樣已經足夠；殊不知，孩子缺少了「養分」——來自父母親的身教言教以及正確的觀念，這是孩子成長過程中最重要的養分！好比一株植物，單憑陽光、空氣、水也能存活，但那只是最基本的條件，唯有施以適當的養分，才會茁壯健康、結出甜美豐碩的果實——我稱之為「澆灌」。

跟孩子說話、聽孩子說話，正是你給予孩子的澆灌，而且說話時要看著他的眼睛，讓他感受到你眼裡的愛。只有你，可以跟你的孩子真心對話；只有你的話最能夠感動他、影響他、造就他。不要輕看這件事，日後，他會回頭感動你、影響你，甚至成為一個影響眾人的人。

10 日常對話就可教孩子學會專心與專注

訓練孩子專心最容易的方式，便是請他重複說一遍你說的話。從他的複述中，就可以聽出他有沒有正確領會到你的意思。同時還可訓練孩子說話的精準度和表述能力。

如何讓孩子專心，是常會被問到的問題。有孩子被學校老師和專家判定是過動兒，要求家長尋求醫療協助甚至用藥，但孩子在亞伯拉罕英語學院上課，無論學習或與同學的相處絲毫不見任何問題；其中有一位母親徵得我們和其他家長的同意，特地前來觀看孩子上課情況，並錄影給台大醫院負責的專科醫師看。

這位母親後來告訴我們，醫師看了影片後說：「這個學校所進行的課程方式就是一種引導和治療。」

另外一位家長則是在我們的建議下，力邀孩子中文學校的導師與心理輔導老師來看他們認為有過動問題的孩子上課，他們很詫異看到孩子能專注上課，與在中文學校判若兩人。

這些家長疑惑究竟是專家判定失誤？還是我們運用了什麼神奇的方法？其實，我們不過是在日常生活中教導孩子如何學會專心與專注。聽起來很玄妙嗎？一點也不，原理很簡單，操作很容易，過程卻用盡全力，所以許多父母也不見得有耐性。

專心，從說話與聽話開始

什麼是專心？專心就是一心一意全神貫注，簡化成一個字，就是「愛」！當你觀看一部讓你入迷的電影或電視劇時，你心裡不會想到其他事情，那個當下，你只想專心地看電影或看電視，若旁人在此時叫你去做別的事，你多半心不甘情不願，因為你「愛」正在看的影片，而愛的具體行為表現正是專心。

專心是動詞，需要做出來。如果只是抽象地告訴孩子：要「專心寫功課」、「專心看書」，孩子怎麼會曉得專心到底是什麼？怎麼做才表示專心？亞伯拉罕英語學院的孩子都知道和我說話時眼睛要看著我，身體不能動來動去。當然，我對他們也一樣。這是我的基本要求。我告訴孩子，因為我愛他們、在意他們，所以跟他們說話時，我的雙眼一定會看著他們，希望他們也用同樣的心意和態度對我。

其次，**我說了一段話之後，多半會請孩子將我剛才所講的重複說一遍。從他的複述中，我就可以聽出他有沒有正確領會到我的話**。假使他在複述的內容中添加了什麼、或修飾了什麼，我會告訴他：「我剛才不是這麼說的。」然後請他盡可能**照我所說的**再講一次。剛開始孩子會覺得這麼做好難，但久而久之，他們很輕易便能完整複述我的話，甚至會幫助說得不完整的同學。

我之所以這麼做並非吹毛求疵，更不是把孩子變成一個口令、一個動作的機器人，而是有三個目的：

第一個目的，教導孩子何謂最基本的專心——用眼睛看、用耳朵聽、用口回應，這三者無疑是一個人專心做事情時必須運用到的感官知覺，三者合一就是專心，我們稱之為感官教學。

一旦他們心無旁騖地聽我講話，我便達到**第二個目的——讓孩子接收到我話語中傳遞的訊息**。衍生至課堂上就是專心聽講，不會左耳進右耳出，下課全部忘光光。

第三個目的是訓練孩子的精準度。人若做事不精準，不知不覺便淪為隨便，馬馬虎虎得過且過。當學生的時候隨便，學習成效自然不好；出社會以後在職場隨便，小則執行力欠佳不受上司重用，大則惹出難以收拾的爛攤子，絕對不容輕忽。

我請孩子複述的過程，無形中還培養了孩子的表述能力。人與人之間說話和聽話是有講究的，兩者息息相關密不可分。一個懂得如何說話的人，首先必須懂得如何傾聽。現代人凡事求快，快車、快餐、快時尚，什麼都要快，但講求快速的同時，也不能忽略其中的細節和品質。靜下心來好好聽人說話，正是一件急不得的事。

常在聚會或開會時，發現有些人辭不達意或者文不對題，造成談話或會議過於冗長——說的人只在意自己說什麼，聽的人只擷取自己想聽的片段，典型的「欲速則不達」。我們往往在處理事情的時候，因一心求快，沒將對方的話聽完全、完整，以致被交託的事情也做不到位，可見傾聽的重要——清楚地知曉說話人的需要。一個善於傾聽的人，相對地比較能夠把話說好、說明白。教導孩子聽話與說話，不妨從彼此好好傾聽開始。

用心與孩子對話

一直以來，台灣孩子的自我表達能力似乎很有問題，姑且不論溝通能力如何，連基本的自我介紹亦經常辭不達意出現困難。長期的教育經驗，讓我終於找到些許端倪——許多孩子從生下來就交由褓母或者托兒所，父母因忙於工作，不認為「跟孩子說話」、「聽孩子說話」是多麼重要的事。大多數褓母每天只負責孩子的吃飯穿衣，無法給予孩子養分。

正確的觀念就是「養分」。孩子猶如一張白紙、一方白色的畫布，是非常純潔無雜質的，他們從周圍接收到的東西全部反映其上，或許是電視卡通裡看來的隻字片語，或許是褓母常掛在嘴邊的口頭禪，或許是褓母的某個習慣。**牙牙學語的年紀是孩子學習的黃金時期，若父母、師長時時刻刻教導孩子正確的觀念、給他們養分，孩子才能走上正確、正當的路，這是教養，也是澆灌。**

我依然清晰記得父親給我的澆灌。那年應該才三歲多還未上學，在街坊鄰居的同齡孩子間有個外號叫「臭美」。某個星期天上午，父親躺在床上，用他的雙腳頂著我的腹部，將我懸在半空中，玩我們稱之為「坐直升機」的親子遊戲。轉圈到父女二人四眼相對那一刻，父親直視地對著我一字一句說：「孩子，妳有一個名字叫『崔、椿、琦』，記住了，妳的名字叫什麼？」我答：「崔椿琦。」

他接著說：「別人叫妳『臭美』的時候不用回應，那不是妳的名字。」

父親說完又要我複述一遍。從那一刻起，我心中清清楚楚知道我叫什麼名字，也強烈感受到父親對於這件事情的看重。說得更精準些，我感受到的是父親對我的愛，至今不曾改變。

11 稱讚孩子不為討好，而是給予鼓勵

當孩子自信心尚未建立，還不相信自己的時候，你先相信他，給予他適當的稱讚與鼓勵，他自然會深信不疑，走上屬於他的康莊大道。

美國影視常出現這一幕：父母用頗誇張的表情和語氣讚美孩子。不少台灣家長看過之後便以為所謂的「美式教育」或「愛的教育」就是這樣吧，然後依樣畫葫蘆。孩子當然需要被稱讚，那是對他們的肯定與鼓勵，也有助於信心的建立。但適當的稱讚與過度讚美是兩碼事，天差地遠雲泥之別。對我而言，那些甜滋滋的溢美之言，不啻為包裹著糖衣的謊言，甚至會蒙蔽孩子

的心；因為甜到發膩的讚美容易讓聽者背離事實，產生自我感覺良好的假象，而自我感覺良好又會引發莫名的自信心，有朝一日一定會徹底崩塌。

讚美的分寸如何拿捏

該怎麼合宜地稱讚孩子？舉一個簡單的例子。多年前，我丈夫——亞伯拉罕英語學院董事長——經過一個正在用心寫作業的小女孩身旁，他並未擔任教職，所以不認識那個女生，也不知道她的資質或學習成績究竟如何；他只是看了一眼那個女孩的作業，發現她的字寫得很工整、漂亮。我丈夫並沒有稱讚小女孩的字有多美，而是對她說：「妳將來一定能考上北一女。」因為他相信，字寫得如此好的人，一定懂得如何規劃自己、約束自己。

多年後，那個女孩回來看我；她很開心地告訴我，當初我丈夫的那一句話，彷彿幫她照亮前路找到努力的方向，她真的考上了北一女。

開口稱讚孩子之前，大人自己要先分清楚，哪些是他們應該做好的本

分。例如，孩子如期完成作業是天經地義的事情，不值得大驚小怪，正如同我們為人父母為家庭付出一樣。假使有人要頒模範母親獎狀給我，我是不會領受的——當一個好母親是我的天職、是我應該做的事情，我並不需要一紙獎狀來肯定自己。孩子做好分內的事還獲得讚美，好像大人在討好他似的。我經常跟家長說，我們愛孩子，但是我們不討好孩子。

至於稱讚孩子的語氣和用字遣辭，我們非常講究與鄭重。簡短有力的「做得很好」，與拉長尾音的「好棒喔」，兩句話的效果截然不同，前者一聽就知道是真心誠意的鼓勵，後者聽起來簡直像掉了魂般有氣無力，毫無說服力。現在的小孩子很聰明，絕對聽得出你的話發自內心或者隨口敷衍。

另一方面，聽慣了甜滋滋讚美的小孩挫折忍受度較低、抗壓性也較低。習慣了言過其實的溢美之辭，久而久之真的會相信這些「謊言」，無法誠實面對現實以及真實的自我，王子病、公主病就是這樣養出來的。美國年輕一代的人多數自我感覺良好，卻動輒精神崩潰，變得極脆弱敏感，與他們行之有年的教養方式不無關聯。難怪近幾年亞洲「虎爸」、「虎媽」的管教方法在美國社會引起廣泛討論與仿效。

奠定孩子信心的基石

稱讚孩子，不外乎是為了給予他信心。虛假的自信和信心外表看起來很像，但兩者性質大不同。還沒看見結果就相信自己必定能成功，才是真信心——不預設立場自我設限，單純相信與接受，即便遭遇失敗，也相信能從失敗中學到新東西，汲取教訓再接再厲。現在人的信心很少也很小，以致從小面對生活大小不如意的事只會埋怨、推卸責任、希望別人改變。但很明顯，那是因為沒有信心所以結不出果實。

反觀有信心的人，在意的不是結果，而是期間的寶貴過程，哪怕途中失敗跌倒了，依然可以勇敢地奮力站起身，繼續大步往前邁進。有信心的人深深明白失敗不可恥、軟弱不可恥，沒有學到東西、沒有進步才是可恥！於是，有信心的人會為達到目標堅定持續，不受任何因素影響，朝向標竿竭力追求。這樣的人一生都在累積信心，累積的信心愈大，獲得的成就愈超過所求所想。

此外，**信心的建立不能基於與旁人的比較，自我比較才具有意義——今天的我比昨天的我更好**。我們學校舉辦成果展的時候都把比賽的成分拿掉，因為希望孩子不要踩著別人的肩膀往上爬，而是著眼於自身的學習、與自己較勁。

還記得一九九八年亞伯拉罕英語學院草創之初，台灣首次發生強烈的腸病毒疫情，那時候我們根本招不到學生，但我並未因此動搖。某一天，一位氣質高雅的年長女士（學生的外婆）走進我的學校，我親自帶領她參觀環境，與她分享我的理念；翌日，孩子的父母就決定報名。除了接送孩子之外，我們鮮少見到孩子的家長，甚至連一通電話都沒有。七年過去，孩子快畢業了，課業等各方面都很優秀。我心忖，這七年中，難道家長都不管孩子嗎？對我們如此放心？在她畢業的前一天，我專程去電向家長致意，謝謝他們選擇了不具知名度和任何校友見證的我們。他們回應：「我對學校有信心。」一瞬間，我內心充滿感動，感動的原因來自於我們雙方單純的心，獲得家長完全的信任，我們當然責無旁貸，把該做的事做好。彼此都具備信心，我們最終獲得的結果是甜美的。

這甜美的果實常常會回饋到我們學校來。曾經有一個就讀私校的孩子，成績亮眼，卻是師長頭痛的對象。他來到亞伯拉罕英語學院，仍有家長要求自己的孩子不要與這個學生同班。面對這個在大人眼中行為偏差的小男孩，我先說服這些心有介意的家長，表明在我的眼中，他跟每個孩子是一樣的，所以我不會孤立他。同時幫助這個男孩，跟他說開啟的話，給他很多可以發揮他長處的空間，逐漸地，他對同學的惡作劇日益減少，甚至被同學喜歡。

後來，他上大學和出國念書之後，每個暑假仍回來看我們，每次來總是流連忘返。有一次，我笑著問他為什麼這麼喜歡回來？他說：「因為我知道你們愛我。」

當孩子都不相信自己的時候，你先相信他，給予他適當的稱讚與鼓勵，孩子自然會深信不疑，走上屬於他的康莊大道。

12 讓3C產品成為孩子成長的助力

孩子終究有接觸3C產品和網路世界的一天，家長應該問的是，自己是否已做好完善的準備，帶領孩子進入網路世界？我們必須用知識與正確的觀念裝備孩子，讓他有足夠的智慧及能力，在使用3C產品時不受挾制、不被傷害，而不是一昧的禁止。

大約八、九年前，媒體上出現了一個新詞彙「S世代」（Screen Generation），又稱作「螢幕世代」，意指在電腦、智慧型手機、平板電腦等3C產品陪伴下成長的孩子。這些3C產品取代了過去的傳統玩具和書籍，成為S世代的影音玩具、教具，甚至褓母，他們的日常生活幾乎離不開電子螢幕。當時，國際知名市調機構ACNielsen公布了一項調查：高達70％

的父母，會讓家中十二歲以下的孩童使用平板電腦，以免孩子無事可做。

如何引導與規範孩子使用3C產品，已是現代父母不得不鄭重面對與審慎思考的議題。於是，有一派家長視3C產品如萬惡淵藪，嚴格禁止孩子接觸；另一派家長則高度依賴3C產品，將其當作孩子的玩具與教具。其實，過與不及對孩子來說都不是好事。

役物，而非役於物

無論電腦或其他3C產品都屬於輔助工具，幫助人類更快速便捷地達成某些功能性目的，本身並無關好或壞，重點在於如何妥善使用。我們並非受戒條規範的清教徒或苦行僧，更無法置外於日新月異的科技，回到五十年、一百年前的生活型態。當然，工作和生活假使少了電腦和手機確實極不方便，但我一直強調，我們必須役物，不能役於物，也就是不被挾制，不單是3C產品，所有東西都一樣。可惜，有時連大人都不見得能夠做到。

大家一定有這樣的經驗：一家人或一群朋友圍坐一桌聚餐，本來應該相互聊天交流，結果大家卻頭也不抬地各玩各的手機，一群人沉默無語，彷彿只剩軀殼在那兒，心思不知飛到哪兒去了。這正是役於物，失去了對物品的主控權，而且耽溺其中難以自拔。成人況且如此，遑論孩子？於是大眾不禁擔心，3C產品會不會對孩子造成不良影響？若暫且先把健康因素放一邊，我的觀念是，3C產品只是載具，能否使用或幾歲才能使用，並不是我們要尋求的答案。

事實上，S世代的產生，大人責無旁貸；孩子使用3C產品時大人在一旁陪伴，予以適當的說明與引導，才是負責任的父母應做的事，絕不是因為自己累了想休息，或有其他事情要忙，就把手機、平板電腦當作臨時褓母。家長應該問的是，自己是否已做好完善的準備，帶領孩子進入廣大無垠的網路世界？

現實生活中，父母一定時常諄諄告誡孩子，日常環境可能會遭遇哪些潛在危險，萬一碰到該怎麼應對，哪些事情千萬不可以身犯險等等。和現實世界一樣，虛擬的網路世界同樣充斥著許多傷害，更令人擔憂的是，那些傷害往往肉眼看不見。當我們牽著孩子的手，小心翼翼過馬路的同時，是否也該牽著他們的手，帶領他們謹慎地面對危機處處的網路世界？孩子終究有接觸3C產品和網路世界的一天，身為父母師長，我們必須做的就是用知識與正確的觀念裝備孩子，讓他有足夠的智慧及能力，在使用3C產品時不受挾制、不被傷害。

制定使用規範，不讓孩子受戕害

最近有一位家長面臨類似困擾，來學校問我該怎麼辦。她向我說明事情的緣由，假日時，孩子回爺爺奶奶家過周末，老人家就在沒詢問過她的情況下，買了一支手機送給念國一的孫子。等孩子回家之後，她才知道這件事。她原本不以為意，但孩子有了手機之後，忽然要求希望擁有自己的房間，不再與弟弟同睡一房。她這才意識到，孩子是不是玩手機玩上癮了？

我給那位家長的建議是，先去與爺爺奶奶溝通，讓老人家理解她的立場，是擔憂孩子沉迷手機，而不是責怪買手機給孩子這件事。之後她可以暫時收起手機，不讓孩子有獨自使用的機會，或是規範孩子使用手機的時間與場所。

此外，可藉由手機上的防毒軟體或應用程式，過濾或者監控某些網站，防範不當內容影響到孩子的身心健康。當然，過程中必須對孩子說明這麼做的原因；只禁止不說明，無法令孩子學會自我保護。最重要的是父母以身作則，假使跟孩子在一起的時候總低頭滑手機，孩子又怎會受教？

至於身體健康方面，許多研究早已證明，孩子確實不宜過早使用3C產品，眼睛首當其衝。基本上，三歲以下幼童的感官視覺還不成熟，螢幕產生的大量、快速、強烈的光影刺激，容易令眼球肌肉疲乏導致視力衰弱，進而影響幼童視覺立體感和平衡感的發展。臨床案例已發現，S世代六歲以下孩子的動作協調能力大不如從前的孩子。而且，這些三歲前頻繁接觸3C產品的孩子，上小學之後靜坐專心聽講的耐性只有其他孩子的一半。其他如語言表達遲緩、社交障礙、情緒易失控，不聽管教等等，都是常發生在S世代孩子身上的現象。

美國小兒科醫學學會（American Academy of Pediatrics，簡稱AAP）曾表示，由於二歲以下幼兒的感知力、記憶力、注意力的發展還不成熟，使用數位媒體的學習效益非常有限，所以除了在父母操作下與遠方的親人視訊，其他應用程式最好盡量避免。二至五歲的幼童每日使用3C產品的時間應限制於一小時內，電視、電腦、平板電腦、手機全包括在內，內容以精心篩選、具教育和啟發意涵的影片為宜，並且身旁有父母的陪伴和引導。至於六歲以上、已接受義務教育的孩童，使用3C產品的時間、地點、應用程式的種類等都應有一定的規範，絕對不可視家長的心情或忙碌程度朝令夕改，且父母同樣要陪伴在側。在孩子開始上網的同時，家長還要同步進行有關網路安全的教育。

孩子網路成癮是另一個令人擔憂的潛在問題。雖然全球各地的教育機構紛紛打造數位教學環境、增添數位教學設備，想藉由科技改善學習成效，但結果到底是否如預期，還有待時間的驗證。義大利米蘭大學（University of Milan）的一項調查顯示，過度使用數位技術的大學生，面對考試比以往更焦慮，並且普遍缺乏參與學術研究的動力，學習動機也因此降低。也就是說，上網的時間愈長，學業表現愈差，焦慮和孤獨感也隨之增加；而孤獨感則會進一步阻礙學習。大學生都這麼糟了，何況心智發展尚未成熟、自制力不佳的孩子？有鑑於此，法國政府甚至明文規定，除非作為課堂上的教學輔助工具，否則中學生禁止在校園內使用智慧手機和平板電腦——連下課時間和午餐時間也不允許。根據統計，在台灣，國小三年級到六年級的學童，網路成癮的比例約兩成，國、高中生與大學生則在兩成以上。WHO世界衛生組織已經將「電玩成癮」納入《國際疾病分類》的「精神疾病」當中，而其中的症狀包括「無節制沉溺於網路遊戲」。

3C產品與網路為我們帶來了前所未有的便捷，但衍生的問題也令家長萬分頭疼。我倒覺得不用把事情看得太複雜，雖然現代孩子生長於行動上網的世界，成長環境與我們當家長的年代大不同，但不論哪種生活模式，父母的陪伴同樣重要。所以在孩子使用3C產品時，有父母的陪伴與引導，便是最簡單也最有效的解決方法。

三

孩子的人格養成

教育的意涵是幫助孩子做好準備，讓他們擁有足夠的能力，從容面對未來的人生。因此教育不只有知識層面，各種正確的觀念也包括其中，甚至比知識的積累更重要。有了正確的觀念才會有健全的人格，孩子為人處世必定積極正向，行為不會產生偏差。

13 教獨立，從日常生活做起

孩子的獨立性必須自幼逐步開始培養，
依照年齡階段給予不同的引導，
讓孩子從自己吃飯、收納文具和玩具、幫忙做家事等日常事務中，
學會自理生活的能力。

台灣生育率逐年降低，超過半數家庭只有獨生子女；這些獨子獨女從小就受到家族所有成員的高度關注，集萬千寵愛於一身。由於大人的溺愛，孩子自幼被伺候著穿衣吃飯，許多事情大人自動代勞，不少孩子甚至上了小一還不會拿筷子，生活自理能力愈來愈差，難怪近幾年訓練孩子獨立會成為育兒顯學。但諷刺的是，有些父母口口聲聲喊著要培養孩子的獨立性，卻依舊

不讓孩子自己動手，五、六歲了還過著茶來伸手、飯來張口的日子，獨立從何而來？在我小時候，自己吃飯喝水是小孩本分，不叫獨立，沒聽說過左鄰右舍的哪家孩子上了幼稚園之後還要大人餵食的。現今家長看似愛護子女的行為，其實已經嚴重損及孩子的成長，造成的傷害和揠苗助長並無二致。

訓練孩子獨立，不等於放任不管

在我的觀念裡，「獨立」就是成為一個預備好的人，而家庭教育對孩子的獨立性非常關鍵。訓練孩子獨立非一蹴可幾，需要從小循序漸進一步步來，同時，父母還必須在一旁引導和說明。也許有人覺得許多日常生活的事物，孩子看著看著自然就會了，毋須特別花時間教。我不贊成這種論述。任由孩子自己摸索，缺少家長的說明，無異於放牛吃草，父母的責任不僅只是供吃供穿供住而已，還包括教導，幫助孩子成為一個預備好的人。

記得第一次拿掃把掃地，就是大伯父和爸爸教的。他們在我面前示範怎麼拿掃把，怎麼用畚箕，從什麼方向掃可以乾淨俐落地把地上的塵土掃進畚箕裡。這些技巧需要有人教，否則很難在短時間內掌握，洗米、洗碗、洗抹布也一樣。生活日常的家事若少了上一輩經驗的傳承，孩子或許要花好長一段時間才抓得到竅門，建議父母們不用讓孩子走冤枉路。所以，我始終堅信，教育的意涵在於「預備」和「裝備」，其中包括知識、技能與正確的觀念。

孩子最初步的獨立，不妨從讓他自己吃飯開始。這是非常考驗家長耐性的一件事。已有研究發現，小孩偏食，不肯好好吃飯，往往是這個階段因家長用錯方法所導致。心情好氣氛佳自然刺激食欲，這是人之常情，孩童也不例外。保持用餐時的愉快氛圍，絕對能讓孩子喜歡上吃飯這件事，有助他們自動自發進食。此外，別忘了善用孩子會模仿大人的天性，也就是當他看到同桌的家人都津津有味地吃青菜時，會更有嘗試的動機和勇氣。但孩子總有胃口不好的時候，毋須強逼他每一餐一定要吃多少，分量差不多就行了。我建議採取鼓勵的方式，而非強迫，會讓孩子想吃的意願更高。

經過一整天的各自忙碌，晚餐理當是一家人溫馨相聚的時刻，不過家長仍舊需要制定餐桌規範，而且必須讓孩子清楚知道，父母定下的規矩不可踰越，沒有討價還價的餘地。譬如，用餐時間一定要坐餐桌旁，不可以跑來跑去邊吃邊玩玩具、或邊吃邊看電視。同時，大人要以身作則，假使連父母都邊吃飯邊看手機，孩子當然有樣學樣。

學習獨立，就是學習為自己負責

等年紀再大一些，就可以慢慢教收納了。每一個小孩都有文具、玩具、圖書，使用過後分門別類物歸原處，按照原來的樣子擺放整齊，就是最基礎和最基本的收納。教起來很容易，但得讓孩子養成習慣。千萬別不以為意，小看了「拿出來、放回去」這個簡單的過程，它代表的其實是生活的條理和秩序，以及為自己的作為負責任，絕非只是乾淨、潔癖或媽媽省點事而已。

即便家裡有褓母或打掃阿姨，也要讓孩子自己動手收拾。萬一他找不到玩具或蠟筆也不要幫忙，請他自己回想，上次用過之後放到哪裡？藉此深化他的習慣。懂得為自己負責，正是獨立的重要意涵。

心理學家已證實，童年的經驗和習慣無論好壞都會持續影響人的一生。如果孩子自幼便會打理自己的環境，並由此延伸至生活其他層面，長大後的人生必定井然有序，也就是不失控，能夠管理自己和掌握自己。這多重要呀！懂得自我管理和自我掌控，再加上父母給予正確觀念，孩子就知善惡明是非，不會輕易被誘惑和污染。這不正是擁有獨立思考能力的個體嗎？

孩子學習自己整理書包，也是獨立訓練極重要的一環。這已牽涉到日程規劃，比單純的物歸原處複雜許多。不需要等他上課前一天才開始教，父母都有公事包和手提包，不妨當著孩子的面整理給他看，示範的時候別忘了一邊解釋；譬如，你將某物品收進手提包內是因為隔天要用，為避免早上出門匆匆忙忙丟三落四，所以前一晚就要先想好第二天的工作並預備好。此外，小孩子出門都喜歡帶自己的小背包裝喜歡的玩具和故事書，下一回就讓孩子自己準備，當作上學前收書包的排練。

下一個步驟，便是協助爸媽清理居家空間，學習做簡單的家事。哈佛大學精神病學系的知名教授韋蘭特（George Vaillant）曾經花費十年深入追蹤調查，他發現會在家中幫忙做家事的孩子，長大出社會獲得高薪職位的機率是同儕的四倍之多，失業機率則少了十五倍。原因就是幫忙做家事的孩子的責任感和執行力比較強，在職場的態度相對主動積極，腳踏實地且具有同理心，是真正願意捲起袖子做事的人。

孩子會不會做家事完全取決於父母。有些家長覺得自己動手可能半個小時就能完成，嫌孩子在一旁攪和礙手礙腳，不僅幫不上忙還浪費許多時間，不如自己做算了。但從另一個角度看，只要家長適當引導，這其實可以變成一段親子之間的親密時光，許多年後還會留存在孩子的記憶中，就像我一直記得大伯父和爸爸當年教我掃地一樣。

會讀書，也要會生活

儘管教改已經實施這麼多年，多數台灣家長仍舊抱持成績至上的思維，每天只敦促孩子讀書，生活層面的實務幾乎不讓孩子接觸。要成為一個預備好的人，也就是具備生活自理能力的獨立個體，光會念書顯然是不夠的。我們學校會給予孩子一些基本教導，譬如換下來的鞋子要整齊擺放在鞋櫃裡，午睡過後睡袋要放回原處，書包和鉛筆盒要收納整齊等等。我發現孩子做得很開心也很有成就感，一點也不覺得那是額外的負擔。但學校和老師只是給孩子一個正確的觀念，類似這樣的生活規矩必須靠父母的長期要求和鼓勵，讓孩子在家裡也做，才能養成的好習慣。

長久以來，台灣教育出一群很會讀書，但世俗的事務不懂也不會的孩子。我一直強調會讀書不代表全部，那只是眾多能力的一部分，生活中還有很多其他東西需要裝備和學習。舉個最簡單的例子，將來孩子出國留學，一定得面對煮飯、洗衣、打掃等生活瑣事，倘若在家的時候不培養他這方面的能耐，到時連吃頓飯都成問題，總不能每天外食或吃麵包吧？「自己的事情自己做」是西方父母的教育概念，許多歐美國家的私立中小學甚至設有家政課，教授烹飪、烘焙、縫紉等技藝，男女生都要上這堂課，真正的目的就是讓孩子學會生活自理，為日後的獨立生活做好準備。

依賴性高的孩子，遇到困難不會先思考自己可以怎麼做，而是習慣性地向父母求助，希望大人替他們解決難題。換句話說，若父母總是不分事態輕重，無選擇性地出手協助，包辦孩子的大小事情，孩子的依賴性當然強，久而久之就形成惡性循環。如何判斷孩子到底會不會，有賴父母平日的細心觀察，也就是我一直強調的陪伴，和孩子相處足夠的時間才能發現他的不足與發掘他的長處。孩子的可塑性很大、潛力很大，能做到的事情很多，有時其實是父母沒有信心放手，以至剝奪了孩子自立和成長的機會。

我曾親眼見過有些幼稚園班的孩子明明會綁鞋帶，但在媽媽面前他就不動手了，要媽媽幫他繫。這時我會走過去說：「某某，我看過你自己綁鞋帶，綁得很好呀！來，我們做一遍給媽媽看！」我這麼說一方面可以鼓勵孩子自己動手，另一方面是想讓家長知道，孩子自己做得到，不需要事事幫孩子做到好、做到滿。父母往往忽略了一點，很多時候孩子一點問題也沒有，是家長的觀念需要修正。想改變孩子之前，不妨先改變自己的想法。

14 問候不只是禮貌，還能培養孩子的同理心

透過簡單的招呼問候，對孩子表達關心之情，
讓他感受到被關愛，就能培養與激發孩子的同理心。
一個有同理心的孩子，更懂得情緒控管與自我激勵，
遭逢逆境總能快速振作而非抱怨不休，獲致成功的機率相對高。

我曾看過一篇哈佛大學心理學教授發表的文章，文中寫道，人格特質中屬於溫暖、友善的那個層面，也就是同理心、關心、熱情等，都是可以從小培養出來的，而且需要多練習，就像學一門新語言或樂器一樣。我們或許會以為，絕大多數父母都是這樣教育孩子吧？可惜事實並非如此。根據這位教授的調查發現，在美國高達80％的受訪者認為，家長比較在意孩子的學業成

績或者孩子快不快樂，而非孩子是否懂得關愛旁人。

事實上，同理心、關心等特質不僅只是單向的「付出」，也是一種有回饋的「收穫」——同理他人、關懷他人有助我們正向思考，保有積極樂觀的態度。若能在孩子身上培養這些特質，未來，他很輕易就能建立良好的人際關係，對事業、工作、人生絕對是一大助益。

給孩子一個相愛相顧的環境

上述那篇哈佛大學教授的文章，無疑印證了我長久以來的觀念。在我們的教導下，亞伯拉罕英語學院的孩子們都養成了一個好習慣——在教室外、走廊上、樓梯間見到師長一定會出聲打招呼。當然，師長也一定會予以回應。

我這麼要求的初衷，是希望**透過簡單的問候與微笑，讓師生彼此有相愛相顧的感受，而相愛相顧正是同理心的展現**。父母師長同理孩子，還能建立孩子對父母師長的信任與情感，有助於教導孩子正確的價值觀。

孩子真的很單純，當他感受到愛的時候，他也會以愛作為回報。有時我跟同仁或家長在談話，經過我身旁的孩子臉上會出現想打招呼、又不好意思叫出聲音來的表情，可能是怕會打斷我們的談話。每每看到這種情況我都覺得欣慰，表示孩子已接受了正確的觀念和我們的教導，更代表他們真心喜歡這裡。除了相互問候，我還經常拍拍孩子的肩膀、或整整他們的衣領，藉此傳達我的鼓勵。即便有朝一日孩子畢業離開了學校，我也希望他們能繼續維持這個習慣。

事實上，孩子真的沒忘記。有一個畢業已久的學生回來探望我時告訴我，他上大一那年發現，他是全班唯一一個在教室外遇見教授時，會主動上前揮手打招呼的學生，所以教授們對他的印象非常良好。我記得他的母親是位成功的職業婦女，自己開了一家公司，平日工作十分忙碌，對孩子的教育卻從未鬆懈。他剛從別的補習班轉來的時候英文程度並不好，幾乎得從頭學起，但他每天仍舊開開心心地來上課。他說，他在這裡學到最有用的東西不只是英文，而是各種正確的觀念。現在的他已成長為有責任感的優秀青年，是他母親事業上的好幫手，員工眼中懂得帶領人、體諒人的好主管。

為什麼只是簡單的問候，就能培養出孩子的同理心和對他人的關懷？心理學家認為，**時常對孩子表達關心之情，讓他感受到自己被關愛，是令他學會關心別人的關鍵，自然而然產生了同理心。**

此外，一個生活環境充滿愛的孩子，相對更有安全感和信心，情緒更加穩定，抗壓性較高，學習成效也會較好。不過，父母自己的表達方式必須有分寸，切忌成日把「心肝」、「寶貝」掛嘴邊，否則很容易變成我所謂的「甜滋滋」話語，那就適得其反了。

培養孩子的同理心

培養孩子的同理心，近年來為什麼如此火紅，成為許多不同領域專家研究的主題？具備這項特質對孩子而言有什麼重要性？同理心，也就是商業管理中常提及的換位思考，意指設身處地、站在對方立場思考的一種方式。由於更貼近他人的感受與邏輯，有同理心的人即使自己的看法與他人不同，也能夠理解對方在心理、情緒或行為上的反應。

這樣的人更懂得情緒控管、自我檢視與自我激勵，通常擁有更豐富的創新思維，遭逢逆境總能快速振作而非抱怨不休，因此獲致成功的機率相對高。也就是說，同理心是一股很強大的、善的力量，從小培養與激發孩子的同理心，等於是幫孩子的未來裝備真正健康、幸福、喜樂的人生。

除了給孩子相愛相顧的成長環境，父母以身作則不啻為最佳榜樣。不在孩子面前隨意埋怨、批判旁人，向替我們服務的人說一聲「謝謝，辛苦了」，或者帶著孩子一起從事慈善公益活動，都是展現同理心的好示範。我曾看過年幼的孩子，對著年長他許多的外籍幫傭頤指氣使，小孩子的這種態度顯然是來自家中大人的影響，有樣學樣。此外，聆聽孩子的說話，肯定孩子正確的言行舉止，也是父母對孩子同理心的展露。

在個人自由度高漲的今天，世界上有太多人曲解了自由的真正意涵，變得自私自利、自以為是，一切都以自我為中心，即便損及他人也不在意，價值觀嚴重扭曲。另一方面，全球先進國家紛紛邁向高齡化與少子化社會，獨生子女幾乎已成為多數家庭的常態。這些獨子獨女集萬千寵愛於一身，家人莫不予以最大程度的包容，難免養成先考慮自己才想到旁人的驕縱脾性。網路霸凌、校園霸凌、乃至種種刻薄不厚道的行為，都與缺乏同理心有非常大的關聯。

父母必須讓孩子知道，世界並不是圍著他轉，很多時候，為人處事不是只顧著自己開心就好。就像我們的學生需要換室內拖鞋才能進教室，有孩子會把換鞋當遊戲，像是把拖鞋當毽子踢得高高的，或是跪著滑行到鞋櫃前換鞋，這些孩子們玩起來覺得很開心的事，都會造成自己和他人的危險；因此我們都會鄭重叮囑孩子，並制止他們的不當行為。讓孩子們知道，在涉及危險事物時，他們必須要受約束，才能得到保護。

15 富養心靈，窮養物質

孩子於物質層面的富養，必須伴隨說明與開啓，否則得來太容易，孩子將不懂得感恩與愛物惜福。心靈層面的富養，也就是教導孩子正確的觀念，才是父母給子女最大的財富。

我曾在臉書上看過一篇感慨文，發文者寫道：「如何教會孩子感恩？」對於這個議題，我由衷感到安慰，卻也有一點點悲傷，因為年輕一輩彷彿對「感恩」二字沒有特別的感受。

現代的孩子可能無法想像，民國六十年左右的台灣是什麼模樣。那時，電視機、洗衣機仍屬奢侈品，起碼小康以上的家庭才負擔得起；至於冷氣機、私家轎車、出國旅遊，簡直是富豪等級的享受。那個年代的大多數人雖然物質生活並不富裕，但人人似乎很知足，生活中充滿樂觀積極的正能量。我幼時的物質生活便屬於不富裕的那一大多數，我卻從來不認為家裡窮，父母總是盡其所能，買好吃的東西給我們姊弟。儘管我們吃得不及別人豪邁，但我依然覺得很有滋味。

孩子要富養還是窮養？

從前家裡有個樟木且帶鎖的大衣櫃，是我母親的嫁妝，裡頭放的都是重要物品。每次大人開衣櫃的時候，我們三個小娃兒都會圍在一旁，好奇地看著爸媽拿出什麼寶貝。我印象最深刻的一次是，某天傍晚，父親從櫃裡拿出一包用牛皮紙包好的牛肉乾，我們三個眼巴巴地等著父親分食。爸爸先取出一小片肉乾，再剝成一絲一絲的，每人只分得三、五絲牛肉條。他告訴我們：「你們三個要仔細嚼喔！非常有滋味喔！」接著，他又小心翼翼地把剩餘的牛肉乾包好，再收回櫃子裡。我們姊弟三人聽話地慢慢咀嚼牛肉絲，細細品味個中美味。

我長大了才知道，當年那塊牛肉乾真的得來不易，可見**得來不易是多麼可貴的事情，因為它會讓人心懷感恩**。從中，我學會不奢靡浪費，並享受到美食的滋味，也深刻領悟到爸媽對我們的教導，狼吞虎嚥肯定吃不出美味。直到今天，我依舊感恩父母的愛和給予，在拮据的狀態下仍捨得買昂貴的東西給我們，然後教我們如何享用。

五十多年過去，台灣經過數次產業轉型，經濟狀況已不可同日而語，物資條件變得豐富且唾手可得，領受的人一切都來得很容易，也就把一切視為理所當然，感恩從何而來？現在很多父母唯恐委屈了孩子，舉凡吃的、用的、玩的，不僅好而且多，從來不虞匱乏，反而讓孩子不懂得惜福愛物。有時候匱乏才能讓人學會珍惜，以至於坊間近來出現討論的聲音——孩子應該窮養還是富養？

我認為，物質的富有不代表真富裕，心靈可能是貧乏的；**所謂的富養，應該是讓孩子在心靈層面是富裕的**。**也就是說，富養和物質無關，純粹是觀念的正確與否**。**正確的觀念越多，孩子一生獲得的保護也越多，這樣的保護會讓他成為一個心靈富裕之人**。當他日後的人生路上遇到難題，正確的觀念將令他如履平地，不覺得崎嶇難行，這才是父母給子女最大的財富，一生受用不盡。別說孩子，不少大人也是，物質堪稱富裕，心裡卻是窮的、空的。

言教與身教並行

天下父母心，自然盡可能把最好的都給子女，物質的富養不是不可以，但如果只一味給予、少了說明和開啟，就會養出不知感恩、不懂愛物惜福的孩子。有時，在商店裡看到哭鬧不休、吵著向父母索取某樣商品的孩子，我難免邊嘆氣邊想，怎麼會把孩子教成這樣？可見開啟和說明何等重要。

過去，我們的父執輩多數吃過苦、飽讀詩書，擁有很正確的觀念，但他們不曉得怎麼教下一代，所以產生了填鴨式教育。無奈的是，現在的父母不懂不知道怎麼教，連到底該教什麼都不知道。於是，我們會看到許多「父母訓練」的演講和書籍應運而生。由於工作領域的緣故，我也聽過很多這類演講，閱讀過很多相關書籍；到頭來我發現，假使父母的心態是只管吃飽穿暖，把教養的事都丟給學校老師，參加再多講座、閱讀再多書籍也沒用。

我真的遇過一位家長親口告訴我，她薪水不算多，每個月的薪水恰好夠支付孩子的補習費用，但她寧可外出工作也不願在家帶孩子，因為帶孩子比工作難。但少了父母的言教與身教，孩子的內心怎麼可能富裕？又怎麼懂得感恩？

三十年前有一位在家中打掃的清潔阿姨，她一人帶著兩個男孩和一個女孩，丈夫是建築工人，必須隨著工地北、中、南四處奔走，不常在家，所以她只接中午以前的工作，因為每天中午無論是天晴或雨天，她都堅持要給三個孩子送便當。放學時，她也是騎著摩托車，親自把孩子一個個從學校接回家，晚上時間就陪伴孩子做功課。她就這樣為孩子送便當、接送上放學，直到孩子都上了高中，沒有一天遺漏。她沒有高學歷，但她知道再艱難的環境，都要陪伴孩子！三個孩子在當時都免甄試上了第一志願的高中。當她滿懷欣喜告訴我這個消息時，我心中和她一樣的喜樂，更重要的是，她真是我效法的對象。

我這裡說的效法，不是盼望我的孩子也能夠考上第一志願，是我看到一個做母親強大的心志和她的堅守本分。當時她是這樣跟我分享的，她說每天陪著孩子不是只做功課，而是她在整天的生活中最感到安穩的時刻。這句話深深地打動我，這完全符合神的法則，母親就是孩子的天，母親是上帝賦予的天職。

我想與家長分享的是，不見得要有多高的學歷，但凡有心、有智慧、有意志力，願意忍耐犧牲，就可以教出不錯的孩子。所以我常勸告家長，如果經濟能力達不到，我不認為英文是眼下必須馬上學習的東西，**學英文不是孩**

子成長階段的全部，教育出觀念正確的孩子——也就是心靈被富養的孩子，
才是我們期待達到的目標。

16 看來無害的故事，其實對孩子影響甚大

在孩子還分不清現實與虛幻的年齡階段，父母應該挑選與現實生活相關的閱聽內容，像是良善的親子之愛、手足之愛、朋友之愛故事，灌輸他正確的觀念，才對成長有所助益。並避免孩子還不懂的異性情愛，像是公主與王子的愛的故事。

我一直強調，孩子如同一張白紙，你在上面畫什麼，它就顯現什麼，古人說的「近朱者赤，近墨者黑」，正是這個道理。除了來自父母師長的言教身教以及課堂所學，孩子日常接觸的電視節目、電影、故事書，也大幅影響了他們的心理狀態。

我曾看過一篇報導：英國女星綺拉・奈特莉（Keira Knightley）不讓她年幼的女兒觀看迪士尼公主類型的影片，像是《小美人魚》、《灰姑娘》、《白雪公主》都在她的禁止之列，因為她不認同這些故事所傳達的訊息。我的觀念和她很接近，**家長有責任為子女的閱聽內容審慎把關，因為這些看來「無害」的故事，其實對孩子往往有重大的影響。**

教導孩子分清現實與虛幻

我不主張讓孩子太早看《哈利波特》系列的電影和小說，不是不能看，而是不要太早看；好比四歲的孩子肌力明顯不足，卻去做十歲孩子才能負荷的運動，身體必然會受傷。同樣的，不到十歲的孩子閱讀大人才能看懂的書，心智也會受傷。但身體的傷看得見，心智受傷肉眼卻看不見，更加危險。基本上，《哈利波特》的主角雖是小孩，但嚴格區分的話，並不能歸類為童話，反而更像奇幻冒險類的小說。

其次，**故事中所描繪的魔法世界與現實生活完全脫節，在孩子還沒有能力分辨什麼是現實、什麼是虛幻的時候並不適合觀看——他會把虛幻當真。**萬一孩子遭遇挫折，極可能逃避至故事書／電影所構築的虛妄世界裡，而非積極、正向地面對問題，這是我們不希望看見的。

去年底，迪士尼推出動畫《冰雪奇緣》續集，我不禁開始擔憂。我沒有資格評斷電影的好壞，但我知道電影會帶給孩子什麼樣的影響。記得多年前，電影第一集上映時，亞伯拉罕英語學院裡曾出現一個奇怪的現象：許多孩子穿著類似電影裡的服裝來上課，一套比一套「厲害」。這表示，虛妄的迷戀已不知不覺污染了孩子的心智。

我們向家長說明、表達我們的憂慮，並且請家長儘快幫助孩子抽離。切勿以為這樣的迷戀只是一時，其感染力也許會持續非常久，導致人生價值觀被扭曲。我們常說，「某某人有公主病」，或許就是從小受公主類童話影響心智，致使長大後許多觀念發生偏差。

多帶領孩子探索現實生活中各種有趣的事物，將孩子的心思拉回現實生活，降低他們對卡通角色的迷戀程度。更重要的是，家長必須透過理性的說明，讓孩子清楚分辨真實與虛幻的差異。不妨看著他的眼睛，慎重地告訴他：「你的名字是○○○，不是艾莎（《冰雪奇緣》主角之一）。」並請孩子跟著你說一遍。這樣的方式不僅能增進他的自我認同，也能讓他從說話中明白，他與虛幻的卡通角色是兩個完全不同的個體。

藉由閱讀給予孩子正確的澆灌

除了流行文化，部分「經典」童話所陳述的價值觀早已不合時宜，不應該再讓年幼的孩子閱讀。專研兒童文學的哈佛大學教授瑪麗亞．塔特爾（Maria Tatar）認為，《白雪公主》、《睡美人》、《灰姑娘》、《長髮姑娘》等故事，存在著非常嚴重的性別歧視；《三隻小熊》和《傑克與豌豆》涉及偷竊，對孩子是不良示範；《小紅帽》以及其他不少故事內含「大野狼吃人」、「巫婆吃小孩」等血腥情節，幼童很容易受到驚嚇。北京清華大學附屬小學校長竇桂梅女士也曾在某次演講場合提及：「《安徒生童話》不適合放在低年級孩子的閱讀書中，這實際是成人的故事。」

孩子的心靈非常單純，父母師長最該在這段時間，給予孩子有助心智健康發展的澆灌。學齡前與中、低年級的孩子有太多東西要學習，有太多養分需要吸收，大人不應把虛妄的仙女、巫婆、鬼怪添加到他們的世界裡。任何過度誇大、脫離現實、喻意黑暗、結局悲傷的故事情節，我都不鼓勵讓孩子接觸；這其中最重要的是父母的判斷力——大人應該依著孩子的年齡與認知，慎重挑選適合他們的故事，讓童話不只具有娛樂功能，在教育裡也可發揮正面的作用。

我比較主張選擇以「愛」為主題的童話，畢竟，人與人之間最良善的情感就是愛。親子之愛、手足之愛、朋友之愛都很好，公主和王子異性間的情愛，在孩子還懵懵懂懂時，最好避免。

閱讀對孩子的成長非常重要。與不喜歡閱讀或沒有閱讀習慣的孩子相較，喜歡閱讀的孩子更愛動腦思考問題，學習能力相對較強，情緒也更為平和穩定，並且更懂得自我約束。想讓孩子愛上看書，進而養成閱讀的習慣，家長對書本的選擇堪稱關鍵。由於學齡前孩童的生活經驗有限，書中角色、背景和題材都應該是他們生活中常見的，而非虛妄的王子、公主、仙女類童話。

值得留意的是，**幼童在這個階段的閱讀，識字是次要的事情，灌輸他正確的觀念才是主要目的。若能陪著孩子一起讀，更能發揮引導的作用。**此外，家長不用太心急，如果把繪本故事書當作識字練習，就失去鼓勵孩子閱讀的原意了。待孩子年齡漸大、識字量較豐富之後，不妨就平日的觀察進行挑選，多方面培養孩子的興趣。

17 培養孩子的受挫力

挫敗是人生不可分割的一部分，
過度保護不讓孩子經歷，於成長未必是好事。
若能教會孩子正視挫敗，用積極正向的態度面對，
他就能從中汲取經驗化作自身能量，無論發生什麼事都無所畏懼。

人生在世不可能永遠一帆風順，總有跌宕起伏的時刻。人生在世也不可能永遠無憂無慮，總要承受些許生命中的沉重。為人父母當然希望子女一輩子平安如意，所以架起層層保護，讓孩子免於各種可能的傷害；但矛盾的是，現代父母既擔心負面的事物影響孩子的心理健康，又怕孩子太過脆弱，抵受不住挫折與打擊，陷入進退維谷的局面之中。我觀察到一個現象：現在

的孩子抗壓性確實不如從前，有時連微小的挫敗都不知道該如何健康面對。我覺得單單只咎責孩子並不公正，那無關任性或情緒控管，而是家長並不曾告訴孩子，挫敗是人生不可分割的一部分，也沒有教導孩子怎麼樣積極正向地面對挫敗。好比草莓族、水蜜桃族、慣寶寶的形成，教育他們的大人是有責任的。

及早讓孩子認識失敗和受挫感

我認為孩子愈早嘗到挫敗的滋味並學會處理，對成長愈有助益。這個道理有點像打疫苗或預防針，假使孩子年幼的時候就有了抗體，將來長大便能夠免疫，降低被疾病侵害的機率。可以預見的是，未來的年代肯定挑戰更多、節奏更快，孩子將面臨的壓力也更大。幫助孩子建設健康強大的心理狀態，教導他及早認識什麼是失敗和受挫感，並學習如何駕馭壓力而不被壓力吞噬，無疑是現代父母不可忽略的教育課題。

我們大概都見過類似情景：年幼的孩子想畫一隻動物，譬如大象，可惜畫得不像；有人的反應是發脾氣、乾脆在大象身上亂塗鴉，有的是把畫紙揉掉，有的則是丟下畫筆不管，跑去玩別的東西。第一種和第二種反應是負面情緒的發洩，第三種屬於放棄或逃避。家長遇到此一狀況時，應該試著問孩子，為什麼不繼續畫？等他解釋之後，父母不妨先給予肯定，稱讚他畫得不錯，只有一些小地方需要調整，然後拿起筆親自示範，或許是腿粗一點、身體短一點、鼻子長一點、耳朵大一點等等。接著鼓勵他，畫得不十分像沒關係，多練習幾次一定更好。從這樣的談話中，孩子可以學到如何處理受挫感，並學會如何從失敗中汲取經驗重新嘗試，不再半途而廢。

另一個方法是與孩子講述家長自己的故事。在我兒子還很小的時候，我跟他便有很多話可聊，因為我有太多東西跟他分享。我會告訴他，今天碰到什麼有趣的事，或者碰到什麼樣的挫折，然後我從中學到什麼教訓。敘述的過程中，我會講我的心情、我的心得、我的反省，藉此給他一些正確的觀念。日後他如果面對類似的事件，就會知道怎麼積極應對。靠著這樣的談話，他還能學會如何消化和處理挫折，有朝一日當他真的遭遇失敗的時候，就不至於驚惶失措，無計可施，因為他有我的先例作為參考。

適時放手，鼓勵孩子勇敢嘗試

家長平時不妨視狀況，給予孩子一些簡單又有趣的挑戰，可以是體力的，也可以是智力的，並在旁適時引導。譬如，運動和遊戲的時候稍微提高難度，或者買一本生字比較多的故事書給他閱讀等等。當孩子達到目標時不吝於稱讚，萬一沒有達到，勉勵孩子切勿氣餒，教導他找出失敗的原因加以克服，不要因為一時的受挫就否定自己的價值和能力。在運動或遊戲過程中，假如孩子出現勝負心非常強烈（輸了就發脾氣）、極具掌控欲（要大家照他的意思玩），或者容易失去耐心的現象，都是挫折容忍度偏低的徵兆，父母最好多加留意。

放手讓孩子嘗試，則是父母自己應該修習的功課。有些事情，並非孩子不會或者力有未逮，是家長沒有給他嘗試的機會。毋須擔心孩子受挫，我們正是希望孩子能不畏懼挑戰和考驗，並學會在逆境中奮起。父母不用操之過急，在一旁觀察並適時提供協助即可。

此外，**根據孩子具體的行為表現，給予他肯定和鼓勵，讓孩子明確認知自己哪裡做得對、做得好。這麼做有助孩子在受挫時不聚焦於失敗，而是轉頭看看自己已經做到的部分**。經過一段時間的練習，他一定能找到技巧突破難關。好比我們學騎腳踏車，一開始還沒掌握平衡的技巧前，連人帶車摔跤絕對在所難免，每一個人一定都有過這種經驗，但我們並沒有因摔倒就輕易放棄。事實上，正因為摔倒，我們才懂得更靈活地掌握平衡技巧，最終輕鬆騎上路。生命中其他的事情也是同樣的道理。

倘若孩子因受挫出現情緒不安的情況，讓他適度宣洩並無妨。我們的老師會用說話安撫孩子的情緒，也就是說，**我們照顧孩子的需要，而非照顧孩**

子的情緒。我們通常會問：「需不需要幫忙？要的話就不要哭，好好講我才知道怎麼幫你，你一直哭我不曉得怎麼協助你。」如果孩子還是哭不停的話，我們會回去做自己的事，一會兒之後再問：「可以好好說了嗎？」孩子多半就願意開口講了。這麼做有兩個目的。**第一，不給孩子「哭就有糖吃」的錯覺。第二，讓孩子明白，遭受壓力或挫折，靠哭是沒有用的，要勇敢面對才能解決問題，而父母師長一定會盡力幫助他。**

心理學家曾以孩童為對象進行長期追蹤調查，結果顯示，受挫力良好的孩子有幾個共同點：擁有穩固的人際關係，擁有愛與被愛的經驗。所以我建議家長，培養與提升孩子受挫力的同時，也別忘了讓孩子清楚地知道，父母是無條件愛他的。這很像馬戲團空中飛人表演中的安全網，讓孩子在跳躍、翻騰時得以盡情揮灑，一點也毋須擔心是否會跌落受傷。長大後，這樣的孩子不僅能妥善處理人際關係，還比同儕更懂得為自己設定切合實際的目標，解決問題的能力和決策能力也優於同儕。換句話說，他成為慣寶寶的機率幾乎是零。

這麼多年來通過對家長的認識和觀察，我發現抗壓性高、不畏懼失敗的父母，子女的抗壓性往往也比較高。我們學校有一項制度：孩子若沒通過程度檢測，是必須留班重讀，無法晉級的。我記得有個孩子原本念別間補習班，轉來的第一年程度跟不上，無法順利晉級。當媽媽曉得孩子要重修時很淡定，覺得讀不好就該留班重讀，絲毫沒有任何情緒化的反應。跟那位媽媽比較熟識之後，得知她在髮廊工作，她給我的印象是個性堅強有韌性，為人很實在。果然她兒子並沒有因重修而灰心喪志，後來讀得非常好。這也印證了，唯有父母自己擁有一顆勇敢的心，才能教導出不畏挫敗的孩子。只要父母是勇敢的，孩子就有勇氣擁抱逆境中的考驗。

18 辨別「需要」和「想要」，養成正確的金錢觀

給予孩子零用錢的同時，一定要教導孩子如何正確支配使用，為他裝備精確運用金錢的能力，以及克制物質欲望的能力，這才是教導孩子如何理財。

我們培養孩子，讓孩子接受良好教育，最大目的就是希望他們儲備足夠的知識和技能，好在將來賺得不錯的收入，擁有豐衣足食不虞匱乏的安穩生活。只是有能力賺錢並不夠，還要懂得如何花錢和存錢，這樣才算完整。但金錢觀或者理財概念，卻是不會出現學校課堂上的東西，因此教導孩子如何理財，已成為許多父母逐漸重視的議題。亞伯拉罕英語學院也曾經舉辦過以

此為主題的座談會，我的觀念是，給零用錢並不能簡單地與理財畫上等號，「給予」的同時還必須「說明」，絕非放任不管，由孩子隨意支配。至於該不該給孩子零用錢、給多少、什麼時候給，為人父母應視孩子的年齡和實際需要仔細拿捏斟酌。

零用錢不是隨意花用的錢

我小時候，日常生活和上學所需的物品，爸媽都會準備齊全，根本沒有自己花錢買東西的必要，所以我一直到年紀頗大才有零用錢。跟我年紀差不多的人大概都是這樣。事實上，所謂零用錢，僅是為了應付正常需求之外的突發性狀況，當家長將一切購置妥當的時候，孩子其實並不需要零用錢。後來，台灣經濟結構和社會結構發生變化，大多數媽媽走出家庭進入職場，不再留守家中當家庭主婦。由於沒時間一一打點孩子日常所需，才給孩子零用錢搭車、買早餐、買點心、買文具等等。

隨著台灣社會愈來愈富裕，這幾十年來，一般家庭給孩子的零用錢似乎愈來愈多，遠超過零用的範疇。其中，或許還包括了心理因素，像是父母因工作太忙碌，沒時間陪伴孩子而心生愧疚，想藉由金錢補償。可惜的是，小學和國中的孩子還不具備正確支配零用錢的判斷力，萬一父母又沒有說明錢該如何運用、未適時加以監督，結果孩子買東西只會按照自己的喜好揀選，到頭來該買的沒買，錢都花在垃圾食物、遊戲點數上。

這是不久前才發生在我們學校的案例。有個才四歲大的孩子，將爺爺給的二百元壓歲錢送給同學，他認為錢是他的，所以喜歡誰便可以送給誰。他以前就曾把紅包送老師，但老師退還了。由於屢勸不聽，家長已無計可施，希望我們幫忙處理。有一天，我把那孩子找來，溫柔地對他說：「這二百元壓歲錢代表爺爺對你的愛，但你把爺爺的愛輕易給別人？」他先是愣住，然後難過得哭了。我問他：「要不要我幫你拿回來？」他點頭。我又告訴他：「你如果喜歡這個同學，想跟他交朋友，不是把家裡給你的東西送給他，而是自己要做得更好，吸引他跟你交朋友。」會出現這樣的事，完全是因為缺乏說明。只要說得合乎情理，孩子會明白的。

有些家長會要求孩子用自己的勞力換取零用錢，譬如做家事，藉此提高孩子參與和分擔家務的意願。日本知名管理學家大前研一便主張，當孩子因做家事而獲得零用錢時，會從中學到「有付出就有收穫」的道理，所以他贊成家長可以在孩子做家事之後給零用錢。畢竟，每個人踏入社會之後，都必須靠勞力賺取薪水，從小讓孩子認識社會運作的方式並非壞事。但也有人不贊同。反對者認為，身為家庭的一分子，孩子幫忙做家事理所應當，無論喜歡與否、有零用錢與否，都必須配合完成。況且，操持家務是孩子邁向獨立生活的必要訓練，不該和零用錢扯在一起。孩子因此拿錢的話，不但無法學到合作與奉獻的精神，反而養成有獎勵才做的習慣。持這一派論調的家長，同樣反對考滿分給零用錢的獎勵形式。他們覺得用功讀書是學生的本分，難道為了零用錢才肯好好讀？假使考高分有錢拿，考低分是不是要罰錢呢？我的觀點是，給或不給不是重點，關鍵在於說明，必須讓孩子曉得為什麼給，或者為什麼不給的理由。

教孩子正確花錢就是教他理財

給了孩子零用錢，還要向他說明如何使用，才是教導他理財。隨便他怎麼花，連最基本的概念都付之闕如，財從何理起？無怪乎台灣有這麼多刷爆信用卡的年輕人，以及長大還伸手向父母索取金錢的啃老族。今天給孩子多少錢，為什麼給，可以買什麼東西，買了之後要記帳，如果亂花錢會有什麼後果，這些都應該說清楚。即便是長輩給的壓歲錢，花用之前也要先徵詢父母的意見。父母可藉這個機會幫孩子梳理，他為什麼想買？價格是否合理？是不是真的有購買的必要？家裡是否已經有同質性非常高的東西？這筆錢有沒有更好的用途？

教育孩子理財，目的是建立一套生活中正確的物質觀，其中包括精確運

用金錢的能力，以及克制物質欲望的能力。其實，在孩子年紀幼小、還沒得到零用錢之前，就可以開始進行相關教育了。有的小孩上街看到喜歡的東西便吵著要，得不到的話就當街大哭大鬧，父母也一再寵溺屈服，久而久之，孩子習慣予取予求，物質的欲望自然愈來愈大。碰到這種情況，正是教導孩子金錢觀念的時機，向孩子解釋什麼是錢，如何才能得到錢，錢應該怎麼運用，由淺入深慢慢灌輸他正確觀念。最重要的是，讓孩子了解「需要」和「想要」是兩件截然不同的事。

部分自由派的年輕父母可能質疑，連孩子買個小東西家長都要過問，會不會干涉太多？何妨學歐美國家的父母，放手讓孩子自己體驗？我覺得教導不等於干涉，這樣的認知有待商榷。首先，並非所有歐美國家的父母都這麼教孩子。舉全世界最會賺錢的猶太人為例，大多數猶太家庭從小就教導子女正確的金錢觀與理財概念，讓孩子知道獲得背後必須付出的代價。其次，東西方國情和民族性差異甚大，他們從小就讓孩子打工，靠自己的勞力賺取零用錢，譬如幫鄰居除草、照顧寵物等等，甚至上了高中就不給子女零用錢了，遑論大學生活費。而十之八九的台灣父母寧可要孩子多讀書，也不捨得放孩子出門打工賺取蠅頭小利。所以我一直強調，許多事情不是我們不能做，而是我們根本沒那個條件，無從比較和模仿。想學人家又不學全套，結果一定變成四不像。

從另一個角度看，從小灌輸孩子正確的金錢觀和理財概念，尤其是克制物質欲望的能力，等於教導他為自己的人生負責。錢財的確是身外之物，但人的一生都離不開錢。孩子學會正確的金錢觀以及如何理財，未來將具備一定程度的保障，比幫他買房、買車、買股票更具實質意義。

四

父母的自我學習

所謂「教學相長」，父母在教育子女的同時，也必須不斷自我學習和「更新」，令自己的教育心態和教育方式能夠與時俱進、去蕪存菁，在保留核心價值的同時，也跟得上時代變遷的快速腳步。大人自己裝備完善了、齊全了，才有足夠的能力裝備孩子。

19 面對教改，師長也應及時更新

教改要改的其實不是孩子，而是師長。
孩子根本不知道沒改之前教的是什麼，
只要教學者願意教，孩子就接受，
所以教學者必須充實自己、更新自己。

多年來，教改一直是家長最頭痛的問題之一，一聽到這兩個字便如臨大敵，社會各界經常出現各種討論的聲音。當然，教育是百年大計，影響的不僅僅是我們的孩子，更牽涉到關乎全民的國家未來，我們應當如履薄冰，慎重對待。不過，姑且不論教科書的內容是否存在爭議，我個人是不反對教改的。試想，連手機軟體都需要經常更新了，何況教育？一成不變怎麼可能跟得上變遷迅速的世界，怎麼可能進步？

懼怕改變的不是孩子，而是師長

我常常安撫我們家長，教改成功與否不是孩子的問題，而是授課的人，也就是老師的問題。家長容易緊張，怕孩子在教改之下功課學不好，在我看來都是多餘的、多慮的。孩子是張白紙，根本不知道這堂課以前教什麼，只要教學者願意教，孩子就接受。就那麼簡單——沒有教不會的學生，只有不會教的老師。

我也會告訴家長，教改怎麼改，跟孩子一點關係都沒有，重點在於教學者和陪伴者。老師和父母的焦慮不能在孩子面前表露出來，否則孩子會因此受影響而無所適從。舉個例子，「這學期的數學很難喔！」師長的話表面聽起來是一個提醒，希望孩子加把勁多用功，可是對聽話者而言卻是莫大的恐懼，他們一聽到「很難」就自我設限往後退了，覺得可能學不會，造成所謂的學習障礙。

再從教學者的角度看。對一個從事教職多年的老師來說，教了十幾年的熟悉課本如今改成新的，代表自己也需要跟著重新學習、重新寫教案、重新寫教學計畫，內心想必是抗拒的，可以想像隨之而來的痛苦和焦慮有多巨大，學生當然間接被影響。要知道，課堂上最怕的是教學者焦慮以及缺乏信心。譬如建構式數學，還記得二、三十年前剛推行的時候反彈聲浪有多大嗎？事實上，建構式數學比過去的傳統數學更具邏輯性，只可惜當時台灣老師不會教，才覺得數學複雜化了。所以，面對教改，哪怕再不願意，教學者也必須時時充實自己、更新自己，方能強化自己的教學信心。

教改並不可怕，也無可避免。與其成日煩惱教改有什麼新制度，課綱、課本又改了什麼內容，不如為人師長者一起跟著「更新」。人難免有先入為主的成見，因為成見，所以容易阻擋進步、抗拒改變。唯有你更新了、裝備齊全了、有信心了，在過程中與時俱進，去蕪存菁，你才有可能完善裝備你的孩子。

身為教育工作者，我一直求「新」——孩子是新的，我們每一天看待孩子的眼光也是新的。如果他今天學不會，表示我要改變教學方法。古人早就說過「因材施教」，在我的解讀，其中的「材」字是人才，也是教材。

那麼，當孩子放學回到家裡，家長可以提供什麼樣的幫助？首先，當然是了解孩子的學習問題所在。除了與老師交換意見，你其實可以在陪伴孩子寫功課的過程中多多觀察。這也是我時時提醒家長的，**一定要陪孩子寫功課，你才會知道問題出在哪裡，然後給予適當的協助，使他不失去學習的動力和興趣**。上了一天班還要陪寫功課的確很累，但你不付出、不犧牲自己看電視的時間，就無從發現孩子的問題所在。此外，責罵無濟於事，在學校已經學不好了，回家又被父母罵一頓，無疑是給孩子雙重打擊，絕對學不好。多講正面的話鼓勵孩子，令他重拾學習的信心。

20 不要以愛為名剝奪孩子成長的權利

不想讓關愛變溺愛，父母必須時時提醒自己，
愛絕對不是包辦孩子的一切，你要想得比他更遠，
不能只看眼前，他才有學習和成長的機會。

愛子女是父母親與生俱來的本能反應，不需要思考，也不需要經過意志抉擇。如何關愛但不溺愛，養育出心智健康成熟的子女，卻是為人父母必須修習的重要課題。每隔一段時間報紙上便會出現諸如此類的社會新聞：已成年的年輕人酒駕撞傷人（或無故打傷人），父母忙不迭地出來道歉並喊冤，說自己的孩子絕對不是故意。我記得報紙還刊登過這樣的事件：一個社會新

鮮人在職場做得不開心想離職，神隱了好長一段時間，最後竟由父母代勞向任職公司提辭呈。這些父母的共通點就是溺愛孩子，時時刻刻將孩子置於自認為的保護羽翼之下，結果造就了一群失能、毫無擔當、無法為自己負責任的成年人，相當令人遺憾。

關愛但不溺愛

根據教育部《國語辭典》的解釋，「溺」的意思是「淹沒、沒於水中」、「陷於絕境中」以及「沉迷無節制」。溺再加一個「愛」，表示這種愛是沒有節制的愛，是會淹沒對方，使對方陷於絕境之中的愛。愛原本是美好的、偉大的、無私的，可一旦變成「溺愛」，一切全變調了。

我經常接觸到溺愛孩子的家長，最常見的類型是，來接小孩下課的時候，一見面立刻摟著孩子噓寒問暖，滿口「累不累」、「開不開心」，深怕孩子不高興；另一類家長，所有事情都搶著替孩子做好做滿，只差沒幫孩子寫功課；我稱之為「剝奪孩子成長的恩典」。還有一種家長，無論遇到什麼事情反應都很劇烈，總擔心自己的孩子吃虧被欺負，譬如老師說話聲音大一些就是霸凌他的孩子，而且千錯萬錯都是別人的錯。

表面上看來，這些家長對孩子的照顧鉅細靡遺，盡可能滿足孩子的需求，讓孩子免於來自外界的所有傷害；可惜他們已經越過關愛的界線，變成了無止境的溺愛。從事教育工作這麼多年，我發現太過關注孩子情緒的家長，很容易失去分寸的拿捏，一不小心就從關愛變溺愛。問孩子「學校好不好玩」、「今天上課開不開心」或「喜不喜歡老師」，都屬於情緒型的問題，出發點是溺愛非關愛。學校是學習的場所，怎麼會好玩？不開心或不喜歡老師，難道就可以不上課？按照這些父母的邏輯推論，孩子長大以後，不開心或不喜歡老闆也可以不上班、不工作嗎？

令人比較擔憂的是，這些家長並沒有意識到自己正以溺愛的方式教育孩子。過度保護是一種溺愛的表現，給沒有自主能力和分辨能力的孩子太多選擇權也是，無法忍受孩子不開心，無法對孩子說不，毫無底線地滿足孩子的各種要求更是重度溺愛。這不僅對孩子的成長毫無助益，還深深地傷害了孩子；以為是愛孩子，其實害了他。父母在孩子面前萬事OK，將來孩子就萬事不OK。愛之適足以害之，所謂的慣寶寶就是這樣教出來的。

我常告訴同仁和家長，我們的說話很重要，因為一個人的說話會決定他往哪個方向去。改變了說話的內容、說話的方式，人的思維也會跟著改變。所以我們會建議家長，若想避免自己的關愛變成溺愛，從問孩子的問題改變起，也就是問他客觀的、實質性的東西，不要聚焦在他的主觀情緒。小孩鬧情緒，無非是沒順他的心意、或願望沒獲得滿足，譬如他想玩樂不上學，不想吃青菜等等。假使你問了卻無法幫他達成，還不如不問。**老師今天教了什麼？有什麼家庭作業？這些都是具有啟發性的好問題，能夠引導孩子很務實地思考，並給出確切的回答。同時，還能讓孩子再一次回想上課的情形，不至於放學便把所有東西拋諸腦後。**

不要怕孩子遭受挫敗

關愛和溺愛只一字之差，教養出來的孩子卻是天壤之別。和溺愛不同，關愛有如樹木茁壯所需的養分，是有原則，有是非方圓，對孩子有益的，能夠被內化成自身堅強的力量，令他不懼怕成長路上的各種挑戰。被溺愛的孩子，恰巧相反，是溫室裡弱不禁風的花，禁不起室外的日曬雨淋，連路邊的小草都比他強韌。長期被溺愛的孩子，總有一天會變成是非不分、以自我為中心、逃避責任的懦弱之人。

我曾看過一則貼文，很貼切地詮釋了關愛與溺愛的不同。該貼文的大意是，溺愛型的家長習慣無微不至地照護孩子，天氣一發生變化，會親自動手為孩子增減衣物。他們往往不覺得自己溺愛，認為所做一切都是為了子女。「孩子還小，不懂」是他們常掛嘴邊的話，因此很少關注孩子的能力是否透過學習獲得成長。懂得用正確方式關愛子女的父母，會教孩子釣魚而不是直接給他一條魚，讓孩子經由各種練習，學會自己處理問題。天氣變冷，他們會要求孩子自己視狀況多穿衣服，不會拿著衣服追著孩子跑。他們帶孩子打疫苗，增進孩子的抵抗能力，但不會打造一間無菌室，讓孩子躲避其中。

家長應該注意哪些點，才不會過度關愛或溺愛孩子？除了避免聚焦在他的情緒，身為大人還要比他想得更遠，不能只看眼前。父母必須鄭重思考，自己的所作所為對孩子的成長有助益嗎？孩子提出的要求是合理的嗎？或者，他只是對父母予取予求？還有一點很容易被家長忽略：對於自己制定的規則無法徹底執行。這其實是很隱形的溺愛。譬如，明明規定孩子最晚十點半該上床睡覺，卻一時心軟讓他玩到十一點。長久以往，所有的規矩都將形同虛設，什麼事都可以討價還價，非常不利於日後的管教。

真正關愛孩子的父母，對孩子的態度是鼓勵，是支持，但不縱容。就算出手幫孩子解決問題，也會請孩子在一旁觀看，並灌輸他各種相關知識，讓他能夠從中獲得正確的觀念，也就是我常講的示範和說明。日後再遭遇類似情況，孩子便能靠自己處理，不用凡事倚靠父母伸出援手。否則，只會養出靠爸族和媽寶。

孩子在每個年齡階段，皆有他應該面對和學習的事物。毋須害怕他們失敗，因為每一次失敗的背後，代表的都是成長的契機。家長因溺愛包辦一切，等於剝奪了孩子成長的機會。小鳥振翅學飛的畫面看起來好危險、好無助，但如果不經歷這樣的辛苦，雛鳥的翅膀肌肉便得不到該有的鍛鍊，將來永遠無法翱翔天際。被溺愛的孩子，正如同空有一雙翅膀卻飛不起來的鳥。

21 該不該和孩子做朋友？

父母親的身分永遠無法被取代。
謹守父母的位格，在愛裡面開啓孩子，
建立健康又甜美的親子關係，不必是朋友卻更勝朋友。

前幾個星期，我一位女性朋友與她讀高中的女兒發生了一段極有趣的對話。

媽媽問：「女兒，妳會把媽媽當朋友嗎？」

女兒想了想，回答：「會啊！但不是現在。不過妳要有心理準備，就算我們以後變成朋友，我也不會把所有的事情都告訴妳。」

媽媽說：「嗯，知道了。我很開心，也很期待。」

我的女性朋友一點兒也不介意女兒保有自己的隱私和祕密，她是個很明事理的母親；她女兒清楚知道就位格而言，年紀再大一些之後，自己才可能和媽媽建立類似朋友的關係，但她仍舊不會說出心裡所有的大小事，同時還很誠實地讓母親知曉這個想法，顯示她是一個擁有獨立思考能力的少女。聽了之後我不禁聯想，「與孩子做朋友」這個議題，其實是親子關係的問題。

與孩子做朋友就能拉近親子距離？

探討「要不要與孩子做朋友」之前，我們必須先定義何謂朋友。

有一件事給了我相當大的啟發和影響：我有兩個朋友，他們幾十年的交情，不知道為了什麼事彼此不再見面。身邊的其他友人都認為，這麼長久的關係為一點小事就不來往很可惜，紛紛嘗試勸和。當事人的其中一位跟我說了他的觀點，我頗認同。

他說：「我很多老朋友，但我可以選擇好的朋友。現在這個年紀，我需要好的朋友。如果某個朋友給我的生活帶來許多困擾，我可以選擇盡量不接觸。」

是的，朋友分很多種，有益友、損友、點頭之交、哥兒們、姊妹淘，也有見了面只是吃喝玩樂的酒肉朋友。親人手足沒得選，生下來關係就在那兒了，朋友卻可由自己挑選。不過，到底我們需要什麼樣的朋友？小時候，父母總擔心我們交到壞朋友，就是怕我們缺乏判斷是非的智慧，選擇錯誤。

那麼，究竟要不要跟孩子做朋友呢？端賴你的出發點。曾幾何時，父母為表示自己的開明和與時俱進，都希望和兒女變成無話不談的朋友。在我看來，很多父母想和孩子做朋友的原因，是他們的親子關係出現問題，以致產生這種似是而非的論調——以為孩子視你為朋友之後，就會與你愈來愈親近，願意敞開心房對你暢所欲言，如此一來你便能探知孩子內心的真正想法，目的只為方便你自己管教。這類父母基本上是矛盾的，甚至已經無計可施，才會走到這一步。試想，如果有一個人接近你、跟你交朋友，其實心懷目的、動機不單純，你會相信這個人嗎？答案肯定是不會。當然，得到的結果就會適得其反，親子關係還可能愈來愈糟。

有這種想法的父母必須了解，跟孩子做朋友並不能抹平存在你們之間的分歧；因親子問題引起的隔閡、溝通不良；觀念差異等，還是得從親子關係著手解決，畢竟，父母的身分永遠不能被取代。

其次，正如同我朋友的女兒所言，即便她與媽媽做了朋友，也不會將所有事情一一告知。事實上，這是人性，是人之常情，親如夫妻也不可能百無禁忌什麼事都攤開來說。倘若想靠著跟孩子做朋友，進而跟孩子交心，來到你們之間的恐怕是更多的失望和受傷。

教導孩子前，先教導自己

難道，父母跟孩子就不可能做朋友嗎？未必。除了出發點，年齡是另一個重要因素，起碼在孩子上大學之前便不合宜。試問，當你必須很鄭重、很嚴肅管教孩子的時候，是要站在父母的位格上面，對小孩用父母的身分向他說明，引領他走正確的路，還是以朋友的態度同他說說笑笑？答案顯而易見。等孩子上大學或出社會一段時日，有了一點點獨立的人生歷練以後，那時再和他做朋友也不遲。

關係緊密、情感和諧融洽的親子，不一定非得建立於朋友這個立基點。我和我兒子的感情非常好，總有說不完的話。我們相互尊重且珍愛彼此，但我們倆是朋友嗎？好像不是。我想和他做朋友嗎？似乎不需要。我們擁有既健康又甜美的親子關係，那樣不僅足夠，而且遠勝朋友。回到源頭，假如你和孩子的關係健康又甜美，孩子對你幾乎無話不說，就不用拘泥要和孩子做朋友。

如何營造健康又甜美的親子關係？許多年前，我曾經開口就是「心肝」、「寶貝」這樣叫我的兒子，心裡還甜滋滋。直到某一天我赫然驚覺，我對兒子的愛是病態的！他極可能被我自以為「全心全意」的愛壓得喘不過氣，而我則被一個小孩子挾制了！很慶幸，那時候我找到了我的信仰，並且遇見我人生的老師；他用智慧引導我回到母親的位格，讓我認識了母親這個身分和為人母應盡的責任，不再一昧地寵溺孩子，而是在愛裡面說明與開啟。這樣的改變，讓我們母子從此擁有既健康又甜美的親子關係。

這段經歷令我深刻認知到，面對教育大計，其實父母師長要學習的遠比孩子多；教導孩子以前，我們要先教導自己。從另一個觀點來看更有趣。孩子受父母的影響最大最深，所以孩子承襲父母優點的同時，也同樣會承襲父母的缺點——無論好的、不好的，父母的言行舉止都是一種示範，會被孩子模仿。導正孩子的缺失、教導孩子之前，家長不妨先捫心自問，自己是否也會犯同樣的錯？假如答案是肯定的，更應該先教導自己，再教導孩子了！

22 玩具永遠無法替代父母的陪伴

玩具不是教具，再怎麼有趣的電子圖書和啓蒙玩具，都無法代替父母的陪伴。

忙與累都不是藉口，重點在於家長自己的時間規劃。

現代因社會型態的轉變，大多是雙薪家庭，也就是夫婦二人都必須上班，家庭主婦已成為女性婚後頗奢侈的選項，也導致親子相處的時間日益受到壓縮。從前是媽媽在家等孩子放學，現在變成孩子在家或在安親班等待父母下班。多年來，我的學校始終堅持星期六、日不開班，目的正是想把寶貴的假日還給家庭，讓父母與孩子共度假期。

孩子為什麼會自言自語？

孩子獨處的時間愈來愈長，倘若又無兄弟姊妹，難免自己一個人玩玩具。不少孩子獨自一人玩耍時會自言自語，或者對著玩具說話，家長見狀還喜孜孜地認為那樣很可愛。果真如此嗎？現實生活中，似乎只有心思病了的人會自言自語；所以只要有機會，我都盡可能告訴家長多留意，別讓孩子自言自語，進入一種虛妄的、非現實的情境與狀態。孩子自言自語還代表著一種現象，他感覺寂寞、需要陪伴，自言自語其實是他的呼救啊！

我出生於台灣經濟尚未起飛的年代，家境普通，幼時的物質生活堪稱匱乏，根本沒什麼像樣的玩具。但比起現在豐衣足食的小孩，我認為我的童年過得更有滋有味，家裡永遠滿溢著溫暖與歡笑。原因很單純，我的父母無論工作多忙碌、家事多勞累，仍經常花時間陪伴我們，帶著我們兄弟姊妹遊戲。擁有父母全心全意陪伴的孩童，通常是成長過程中最快樂、最知足的孩子。這樣的孩子絕對不會感覺寂寞，更不會對著玩具自言自語。

偶然間看到一篇刊登在報紙上的醫學報導，其內容完全印證了我的主張：美國的知名學府華盛頓大學（University of Washington）進行了一項醫學研究——母親與孩子的情感連結，是兒童大腦發育過程中極重要的因素。研究人員耗時七年深入觀察與檢測，發現擁有母親情感支持、以及智力需求被滿足的孩童，海馬迴（hippocampus）的體積在十三歲進入青春期時，比缺乏母親陪伴的小孩大10％，而海馬迴正是掌控記憶的腦內組織。此外，與母親關係緊密還能令孩童更具安全感，有助孩子發揮潛能，勇於探索未知領域，並有信心解決各種問題。

再忙再累，也要抽出時間陪伴孩子

不久前，我在臉書看到一則徵求童謠的貼文，不禁勾起兒時我與父母互動的回憶：

「小老鼠上燈台，偷油吃下不來，叫媽媽，媽不來，嘰哩咕咕嚕滾下來。」

「炒蘿蔔炒蘿蔔，切切切，包水餃包水餃，捏捏捏。」

「小白兔小白兔，跳跳跳。小貓咪小貓咪，喵喵喵。」

「一角兩角三角形，四角五角六角半，七角八角手叉腰，九角十角打電話。喂喂喂請問你找誰？」

「城門城門幾丈長高，三十六丈高，騎白馬帶把刀，走進城門滑一跤。」

「小猴子吱吱叫，肚子餓了不能跳，給香蕉他不要，你說好笑不好笑？」

這些都是我記憶中父母帶我們唸唱的童謠。他們一面教一面比劃著與內容相符的逗趣動作，要我們跟著一起做。剎那間，爸媽充滿愛的眼神宛如就在我眼前。數十年後，我依然清晰地記得那些童謠，因為那是一個奠定親子關係最重要的時期，永遠不會忘記。

後來我發現那則臉書貼文是一間語言治療室的徵文活動，我很難形容我的失望。在我的觀念中，依偎父母膝下唸唱童謠理當是唾手可得，同時也是每一個人童年歲月裡最歡樂的印記。而今，親子之間的親密互動竟需要假他人手，還變成語言治療室引以為傲的課程、和語言治療師幫助孩子的藥方，情何以堪？

孩子語言發展遲緩，正因為缺乏養分，許多在這個年紀該學會的、該知道的、該認識的都付之闕如，也就是缺乏來自父母教導的正確觀念；其結果便是被帶去見語言治療師。由於缺乏陪伴，孩子因潛意識裡的失望，很容易去幻想一些莫須有的事情，藉此填補心裡的那塊空缺。他們最常聽到的話語或許並非來自父母，而是電視節目裡的對話；感到空虛寂寞的時候，便不自覺地拿起玩具角色扮演、自言自語。負責任的父母不應給孩子這樣的環境，再正向的卡通節目、電子圖書、啟蒙玩具，都無法代替父母的陪伴。

事實上，人一生中的第一個老師應該是父親或母親。我們常說「家教」，因為最基礎的教育是從家裡開展的。多年來，我堅持星期六、日不開班，這絕對違反商業利益，而且我們平日只上課到七點。原因很簡單，我認為孩子在平日的晚上與星期六、日應該與父母多相處，這段寶貴的時間不應當被剝奪或挪作他用。

某一個傍晚，我在一家餐館吃飯，鄰桌幾個年輕母親之間頗大聲的對話，無可避免地傳入我耳中。她們穿戴時髦，經濟條件似乎相當不錯，但她們聊天的內容卻令我悵然——她們數落著自己家中的褓母不懂得帶孩子，並討論和商量著該如何教褓母怎麼教小孩。我當下很想告訴她們，有時間教褓母，還不如教小孩、陪伴小孩！

孩子在成長期間，父母理應是他最親近、最親密的人。無論再忙再累，也要把時間分給孩子。

23 別讓孩子成為負面情緒的受害者

大人的負面情緒對教導孩子完全沒有助益。無論發生什麼不愉快的事，父母最好先學會管理自己的情緒，再來處理跟孩子有關的問題。

從事教育工作二十多年，我觀察到一個令人唏噓又無奈的現象：雙親情感不和諧，或者家長容易大驚小怪、情緒化，的確會使得孩子不穩定。我所說的「不穩定」，包括情緒層面的以及學習效率的不穩定。碰到這樣的孩子，老師能夠給予的協助極為有限，因為根源發生在家庭，我們只能很委婉地請家長多加留意。

大約一九九〇年代，美國疾病管制與預防中心（Centers for Disease Control and Prevention，簡稱CDC）推廣了一系列「負面童年經驗」（Adverse Childhood Experiences，簡稱ACE）研究計畫，探討童年創傷與長大後身心健康的關聯性。研究發現，長期處於功能失調的家庭環境中，兒童的大腦發育、免疫系統、內分泌系統等身心健康或多或少都會受傷害，進而影響短期記憶、言語記憶，情緒調節、壓力處理等等能力。

情緒控管也是一種身教

每個人都有情緒。古人說的「修身養性」，其實就是情緒管理。心理學家已證實，父母在子女面前所表現的言行舉止和情緒，對孩子的內在發展有最直接的影響；而兩者之中，又以父母的情緒對孩子的影響最無形卻最強烈。倘若家長溫文和善、平靜安詳，孩子多數擁有健全的心理、充分的安全感與幸福感，看待世界的感受也更加寬容。假使父母脾氣暴躁或感情不睦，動輒大吼大叫，常在子女面前吵架衝突，孩子往往會處於緊張和恐懼之中，心理狀態容易趨向不穩定，甚至長大後會不自覺參照父母的方式處理問題，導致他的孩子也成為惡性循環中的受害者。所以，父母在管教孩子之前，最好先學會管理自己的情緒。

一個人情緒失控時，常見的情況是將罵人當作宣洩的出口。不過，對我而言，罵人等同於沒有能力和缺乏智慧的表現。孩子為什麼會哭？因為想不出其他辦法了。大人罵孩子，同樣也是沒辦法了。一個人語帶情緒地罵孩子、責怪孩子頑劣不聽話，表示那個人已經思索不出解決之道。若有撥亂反正的智慧，根本不需要開口罵人。況且，只責罵卻沒有給予正確的觀念，孩子依舊無法領會自己犯了什麼錯、以及為什麼犯錯，結果便是一錯再錯。

當孩子一直因相同的問題出錯，代表他的正確觀念還沒有建立、還沒有成形，這只說明了一件事情——大人的教法有待檢討。孩子是一張白紙，會變成什麼樣，都是大人造成的，所以我始終強調，沒有問題學生，只有問題老師和問題家長。

我經常提醒自己和告訴同仁，要對孩子說有益處和鼓勵的話語，那麼，孩子就會朝正面的方向去。如果老是接收喋喋不休的責怪、謾罵，言語裡面摻雜許多大人不好的情緒，孩子久而久之就會往負面的方向走。因此我都會建議家長，**當你察覺情緒來的時候，寧可暫時不要去處理孩子的問題，先處理你自己的情緒，譬如離開現場換個空間，或安靜地出門散個步、深呼吸再回來。**藉著離開現場，大人有機會平撫自己的情緒，清空負面的思維；待情緒平復，我們才有能力和智慧想出好的方法來教導孩子，講出合理合宜的話，而非氣話。否則，說出來的東西肯定以消極和負面居多，不但無濟於事還會造成傷害。

孩子的幸福感取決於家庭氛圍

當然，引發家長情緒波動的因素各不相同，假如將有關孩子教養的問題暫時排除，最主要的兩大類通常來自職場和夫妻關係。無可否認，工作在現代人生活中的占比相當大，對於上有高堂要奉養、下有子女要撫養的中年人尤其重要，堪稱三代人的經濟支柱，壓力非比尋常，即便不順、遭遇挫折委屈也只能忍耐，斷然不能像毫無負擔的年輕人那樣，不開心就率性離職。

不把職場情緒帶回家，將工作上的不愉快關在家門外，是我給家長的建議。父母若常在孩子面前顯露出頹喪的情緒，會讓孩子產生不安全感，並過早感受到不該承受的壓力。同時，也請不要在孩子面前抱怨，或毫不避諱地批判他人，這是非常不良的示範。孩子也許年幼不懂，但他們會模仿，以為靠抱怨和批判就可以解決問題，久而久之會欠缺自我反省的能力，思考模式也極可能因此被扭曲。

身為家庭主要經濟來源，父親肩負的壓力可以想見。不過，母親也不遑多讓。從台灣的社會結構和社會習慣來看，媽媽仍舊是家中的主要家務操持者和孩子的主要照顧者，準備三餐、打掃居家環境、帶孩子等各式各樣的工作，大部分還是由媽媽負責，其中更不乏兩頭忙的職業婦女。當壓力過大時，情緒難免有難以調適的時刻。假使有爸爸看到這本書，我想對這些父親說，請你們多體諒妻子的辛勞、照顧她的情緒，因為她承擔的壓力並不比你小。至於媽媽們，也要學會觀察自己的情緒，然後用適當的方式疏導自己的負面情緒。

孩子的心理極容易受外界因素干擾，而父母心情的好壞，對孩子來說感染力尤其重大，所以家長務必做好自身情緒管理，以免孩子無辜受波及。當家長心情低落、憤怒或悲傷時，孩子會覺得父親或母親似乎失去了平時的溫暖，甚至有些冰冷和抽離，儘管與他無關，他卻承擔了父母的情緒。孩子自然不懂這些，他不明白自己並沒有不守規矩也沒做錯事，父母為什麼變得不一樣？心理學家發現，倘若類似狀況時常發生，孩子容易變得優柔寡斷，缺乏決斷能力。

夫婦感情失和，對子女的影響更大也更直接。父母是孩子最大的依靠，當雙親關係出現裂痕，孩子的心緒勢必受衝擊。六至十二個月大的嬰兒即使睡著，對父母爭吵時的語調也會有所反應。大約一歲以後，孩子就能分辨父母的情緒。事實上，孩子比我們想像得更加敏感，能夠從不少細節中感知到家庭氛圍的變化、父母情緒的變化、以及父母的情感互動情況。不過，別以為不發生正面衝突就沒事，夫妻之間長期的冷漠、疏離、虛情假意、表裡不一都逃不過孩子的眼睛，而這種種不和睦帶給孩子的恐懼感，絲毫不亞於面對面的爭吵。由於不理解大人世界的複雜情感，孩子會直覺認為自己必須為爸媽的不開心負責，但實際上根本和他們無關。

我也遇過有家長因夫妻感情不佳，影響到孩子的日常生活，私底下徵詢我的意見。我不是婚姻諮詢專家，所以我只能告訴家長，無論夫妻倆發生什麼事，先處理好大人的爭議，然後盡可能以孩子的利益為優先考量達成共識。如果兩人立場不一致，很難對孩子有所幫助。即便單親家庭分開生活，也不可以爸爸這邊說一套，媽媽那邊說另一套，規矩與方法要統一，才不會讓孩子無所適從。愉悅與穩定的情緒是身心健康的首要條件，唯有情緒穩定平和的父母，才能充分讓孩子感受到愛、幸福感和安全感。

24 該為孩子規劃人生嗎？

你無法替孩子過他的人生，當然也無法代他選擇怎麼走。與其處心積慮幫他規劃，不如因材施教，並從旁給予協助和引導。

常有家長問我：「校長，妳兒子這麼優秀，妳是怎麼幫他規劃的？」

老實說，我並沒有為他特別做什麼，因為那是他的人生，我無法也無力幫他規劃。但我一直陪著他，從旁協助、引導、提供意見，為孩子指出我認為正確的方向，這是為人母的我必須盡的責任。至於一路走來如何選擇，全是他自己的決定。我曾經因為他的選擇並非我的期望而痛哭落淚，幸好我及時拔除心中執念，接受並祝福他的選擇，才沒有讓我們的親子關係受到影響。更意想不到的是，我過去在兒子心中播下的種子漸漸成長茁壯，他最終主動且懷抱熱情地走上了當初我指引的那條路。我很樂於分享這一段歷程。

針對孩子的特長給予指引

大約在我孩子小學四、五年級的時候，我發現他特別喜歡說話。人生一張嘴，不就是為了吃飯和說話嗎？因此我沒有制止或要求他「少講話」，但我告訴他，要說有益的話而不是無意義的話，還有在適當的場合和時間才能開口講話。譬如，課堂是屬於老師講、學生聽的場合和時間，除非老師發問，否則不應該隨便說話。同時，我買了一些文言文的書和成語書給他閱讀，希望他言之有物。教會的讀經班也有相當的幫助，《聖經》用字很精準，而且都是有益的話。

對於孩子的學業成績，我從來不強求；畢竟我自己書讀得不怎樣，更沒有漂亮的高學歷，以己度人，只要他能進一所還可以的大學我就滿足了。

高中時他說，他將來想讀美術，學畫畫。

我直接告訴他：「作畫需要天分，你沒有。為什麼我這麼肯定？因為我見過真正有天分的人，更因為我認識你、很了解你。」我又說：「我不建議你讀商，也不建議你讀醫，但我覺得你很適合做一個演說家，一個可以靠說話影響其他人的人。但不是強辯和伶牙俐齒的律師，法律這一行會看到太多人性的扭曲，你從小就很敏感很善良，一定受不了。」

他又問我描述的是哪一種工作？

我才答：「老師。你具備當老師的條件。」

其實，盼望他從事教職是我的私心。許多飛黃騰達的孩子奔波忙碌，都離父母很遙遠，我只有一個孩子，不想母子之間變成那樣。教職既穩定又可傳承我一手創立的事業，最符合我當時的想望。況且，我真心認為世上最好的工作就是老師。老師可以啟動一個人的心智，拯救一個人的靈魂，意義非凡。我說：「媽媽的意見，你不妨考慮。」後來他受我影響，大學時主修教育。

我兒子的高中學業成績普通，大學一定有得念，但以我的判斷，不會是名校級的學府。當他跟我說，他獲得哈佛大學（Harvard University）錄取的時候，我以為他在開玩笑，同時還有兩、三所評價很好的學校也要收他，我太開心了！

抽離情緒和主觀想法才能好好溝通

我兒子從小是很乖巧的孩子，求學期間獨自在國外生活，也能把生活打理得井井有條。他基本上沒什麼物慾，從不亂花錢，問他要不要添購什麼，他總說不需要。買車、買錶給他，問他喜歡什麼款式，他總說「都可以，實用就好」，很少主動開口跟我要東西。當然，物質方面我沒讓他缺乏過，自小就是充裕的，但我會教育他，努力才有收穫。譬如，他考上高中那年，我買了一雙所謂的名牌鞋送他，並且向他說明：「不是因為我高興，而是想讓你知道穿好鞋的代價。一旦你穿過舒服的鞋，再回頭穿品質不那麼優的鞋就會覺得礙腳。如果想穿好鞋，你必須努力讀書，為將來在社會上的奮鬥做足準備。有足夠的經濟能力，你才有資格再去買一雙好鞋。」

他的乖巧與自律一直讓我很放心，直到他大三升大四那年暑假，發生了一件對我來說簡直是晴天霹靂的事，讓我亂了方寸。他告訴我，他不想繼續讀大學了！我的想法是，既然只剩一年就畢業，為什麼不再忍一忍，把大學念完？相信大多數家長的第一反應也跟我一樣。他解釋，課堂上教的不外乎怎麼募款籌款、怎麼招生等等，到頭來還是一門生意，只是包裝得比較好聽一點罷了，跟他原先設想可以學習的課程大相逕庭。加上每天讀一堆自己沒興趣的東西，純粹只為了應付考試，他覺得沒有意義。若我堅持要他把剩下的一年讀完也可以，但他真的很痛苦。

當時的情形是這樣的，我去宿舍沒找到他。他打電話跟我說，他目前住在同學家，接著就講了這件事，所以我們並沒有面對面溝通。他還說，他本來不打算跟我講的，可是我都飛到美國看他了，他必須要說明清楚。但無論我怎麼勸說，兒子依舊堅持己見，不斷重複他的理由，連休學都不願意。

我要他回來再談，他說：「我現在不回來，妳先冷靜。」他從小就不是會無理取鬧的孩子，所以我知道這真的是他的極限了。聽他講完，我徹底崩潰，跟我丈夫在他宿舍外面，兩人無言以對抱頭痛哭，沒有能力安慰彼此。

在無計可施的狀況下，我鼓起勇氣打電話給我的老師——教會的林弟兄，越洋向他求助，他只短短幾句話就點醒我，讓我豁然開朗。

學習放手，讓孩子自己做選擇

我哽咽地對林弟兄道出原委；我說，我不是打來尋求意見，我需要幫助。他回答：「椿琦，人性最大的墮落就是虛榮，妳現在的痛苦，是因為妳的孩子沒有辦法拿出那張畢業證書，和妳一起光宗耀祖回到台灣。」

這句話確實講到我心坎裡。我從小虛榮心就強，有了信仰且跟隨了這麼多年，沒想到我的虛榮心竟然還在。

「他二十歲了，有權利決定自己的未來。」老師說，「他既然做了這樣的選擇，就必須為自己的決定負責。我們做父母的不僅要全力支持，還要助他一臂之力。聽見了嗎？妳重複說一次我的話。」

我淚流滿面，重複老師說的話：「他是成年人，他要為他的選擇負責，我要支持他鼓勵他，助他一臂之力。」

老師接著說：「現在，放下電話，去把孩子從死蔭幽谷救出來。請妳歡歡喜喜，用正面積極的說話和態度，把這個孩子從幽谷裡拉上來，這是一個母親應該做的事。如果妳能做到，他從此就會成為一個負責任的人。」

剎那間，我感覺天亮開了！我馬上打電話給兒子：「好了，你可以回來了。你已經是成年人，而且能讀到這麼好的學校，絕對有自己的思考能力。我相信你所做的決定，也支持你的決定。」

事後再回想，倘若我鑽進牛角尖裡出不來，堅持孩子一定要讀到畢業，他的心一定會離我越來越遠。

切莫只看當下

和兒子見到面之後，我們談了他未來的計畫；他說，想先回台灣當兵，服完兵役後去學烘焙。很少年輕人會想提前入伍，少數更是能拖則拖，能躲則躲，他卻想儘早完成兵役，然後展開人生新篇章，可見他的決定絕非衝動為之，已事先經過縝密思考。這讓我聯想到一個朋友也曾面臨類似情況——她兒子在紐約念書，畢業後有令人稱羨的工作，孰料他竟毅然決然捨棄優渥高薪，飛往上海開餐廳，一切從零做起。那間Madison Restaurant如今已享譽國際。

我接著問兒子：「當完兵之後，我可以請你先來幫我教課嗎？我需要老師。」

他爽快答應了。

他服完兵役後，信守在美國許下的承諾，來學校幫我。不知不覺就教了六年課，除了幼稚園，其他所有年級都教了一遍。起初，我幾乎每天接到客訴電話，說他好嚴格。但不到兩個月的時間，家長們陸續打電話要求：「下學期可否讓老師繼續教？他把孩子教得非常好！」

有一天，兒子向我表示：「所有年級我都教過了，我發現裡面有不少還可以再進步的地方，接下來我想試試教務訓練的工作。」

當晚回到家，我和丈夫開心到不行！我們高興的是，他不僅教出興趣，還主動提出要整頓教務。經過這麼多曲折，很多事情也脫離了我原本的設想，但因為我們方向引導對了，終點還是一樣。我覺得非常神奇。

強迫無用，引導才能得到豐碩的果

父母和孩子的關係，就好比果樹和果實，一顆果實長得好不好，當然來自果樹是否提供了充足的養分。面對孩子的未來，父母難免步步為營，很擔心錯漏了什麼而影響他的前途，於是送他進校風良好的學校，替他找優質的補習班等等都包括在內，這是規劃嗎？我覺得不算，準確地講，應該是引導。

同時，我的引導並非一廂情願，而是仔細觀察並發掘他的特質。我沒強迫孩子「你將來一定要做什麼」，但我把觀察得來、他的優缺點一一分析讓他知曉，由他自己判斷與選擇。

當初填寫大學志願都是他自己處理，我沒有資格幫他填；但我有義務看到孩子的長處和他的缺乏，在他還不知道方向的時候，指引一條路讓他參考。不過，當我知道他的選擇不同於我的私心期盼時，內心無可否認非常失落，彷彿天塌下來似的慌張失措。幸好在我老師的指引下，我做了一個母親應該做的事，讓母子兩人都走出了黑暗。

或許有人認為，畢竟是自己的孩子，不接受又能如何？無論孩子做什麼決定，父母只能接受。我認為這樣的想法比較消極，並沒有真正解開彼此之間的結。後來又有很多人問我，兒子差一點就完成學業，我不會失望嗎？我總反問對方：「你覺得我應該失望嗎？」的確，目前這一切都是我原本的預想——希望他不要從商，希望他做一個可以影響他人的人，而且還陪在我身邊。我何其幸運！

在這個過程中，我學到事情不要只看當下。好與壞往往是一體兩面，當它逆著你方向來的時候，一定有另外一個恩典在等你，而後續的獲得可能比你想像中還要多。我兒子現在面對教育是投入的、有心的，在工作上遭遇疑難雜症會來問我和我丈夫，大家一起討論。感謝我的老師的智慧引導與曾經的崎嶇，我們現在才擁有如此和諧順暢的溝通模式。

與孩子發生歧見時，先別忙著指責或埋怨，直視歧異的根本並用智慧化解才能雙贏。當下或許讓你很苦惱，但後面跟著來的一定是歡喜。

國家圖書館出版品預行編目(CIP)資料

陪伴教養學：校長媽媽教你如何培養會思考、負責又自律的小孩 / 崔椿琦著. -- 初版. -- 臺北市：商周出版：家庭傳媒城邦分公司發行, 2020.04
面； 公分. -- (商周教育館；35)
ISBN 978-986-477-819-5(平裝)

1. 親職教育 2. 親子關係

528.2 109003722

商周教育館 035

陪伴教養學：

校長媽媽教你如何培養會思考、負責又自律的小孩

作　　者／崔椿琦
出版經紀／廖翊君
企畫選書／黃靖卉
責任編輯／彭子宸

版　　權／黃淑敏、吳亭儀、邱佩芸
行銷業務／周佑潔、黃崇華、張媖茜
總 編 輯／黃靖卉
總 經 理／彭之琬
事業群總經理／黃淑貞
發 行 人／何飛鵬
法律顧問／元禾法律事務所王子文律師
出　　版／商周出版
台北市 104 民生東路二段 141 號 9 樓
電話：(02) 25007008　傳真：(02)25007759
blog: http://bwp25007008.pixnet.net/blog
E-mail:bwp.service@cite.com.tw
發　　行／英屬蓋曼群島商家庭傳媒股份有限公司城邦分公司
台北市中山區民生東路二段 141 號 2 樓
書虫客服服務專線：02-25007718；25007719
服務時間：週一至週五上午 09:30-12:00；下午 13:30-17:00
24 小時傳真專線：02-25001990；25001991
劃撥帳號：19863813；戶名：書虫股份有限公司
讀者服務信箱：service@readingclub.com.tw
城邦讀書花園：www.cite.com.tw
香港發行所／城邦（香港）出版集團
香港灣仔駱克道 193 號東超商業中心 1F　E-mail : hkcite@biznetvigator.com
電話：(852) 25086231　傳真：(852) 25789337
馬新發行所／城邦（馬新）出版集團【Cite (M) Sdn Bhd】
41, Jalan Radin Anum, Bandar Baru Sri Petaling,
57000 Kuala Lumpur, Malaysia.
Tel: (603) 90578822　Fax:(603) 90576622　E-mail:cite@cite.com.my

封面設計／張燕儀
排　　版／洪菁穗
印　　刷／中原造像股份有限公司
經 銷 商／聯合發行股份有限公司
地址：新北市 231 新店區寶橋路 235 巷 6 弄 6 號 2 樓
電話：(02)2917-8022 傳真：(02)2911-0053

■2020 年 4 月 30 日初版
■2021 年 5 月 6 日一版 3.1 刷
Printed in Taiwan

ISBN 978-986-477-819-5
定價 280 元

城邦讀書花園
www.cite.com.tw

商周出版

廣　告　回　函
北區郵政管理登記證
北臺字第000791號
郵資已付，免貼郵票

104　台北市民生東路二段141號2樓

英屬蓋曼群島商家庭傳媒股份有限公司城邦分公司　收

請沿虛線對摺，謝謝！

商周出版

書號：BUE035　　書名：陪伴教養學　　編碼：

請於此處用膠水黏貼

商周出版

讀者回函卡

感謝您購買我們出版的書籍！請費心填寫此回函卡，我們將不定期寄上城邦集團最新的出版訊息。

不定期好禮相贈！
立即加入：商周出版
Facebook 粉絲團

姓名：________________________ 性別：☐男 ☐女

生日：西元__________年__________月__________日

地址：____

聯絡電話：________________ 傳真：________________

E-mail ：

學歷：☐ 1. 小學 ☐ 2. 國中 ☐ 3. 高中 ☐ 4. 大學 ☐ 5. 研究所以上

職業：☐ 1. 學生 ☐ 2. 軍公教 ☐ 3. 服務 ☐ 4. 金融 ☐ 5. 製造 ☐ 6. 資訊

☐ 7. 傳播 ☐ 8. 自由業 ☐ 9. 農漁牧 ☐ 10. 家管 ☐ 11. 退休

☐ 12. 其他________________________

您從何種方式得知本書消息？

☐ 1. 書店 ☐ 2. 網路 ☐ 3. 報紙 ☐ 4. 雜誌 ☐ 5. 廣播 ☐ 6. 電視

☐ 7. 親友推薦 ☐ 8. 其他________________

您通常以何種方式購書？

☐ 1. 書店 ☐ 2. 網路 ☐ 3. 傳真訂購 ☐ 4. 郵局劃撥 ☐ 5. 其他______

您喜歡閱讀那些類別的書籍？

☐ 1. 財經商業 ☐ 2. 自然科學 ☐ 3. 歷史 ☐ 4. 法律 ☐ 5. 文學

☐ 6. 休閒旅遊 ☐ 7. 小說 ☐ 8. 人物傳記 ☐ 9. 生活、勵志 ☐ 10. 其他

對我們的建議：________________________________

____

____

【為提供訂購、行銷、客戶管理或其他合於營業登記項目或章程所定業務之目的，城邦出版人集團（即英屬蓋曼群島商家庭傳媒（股）公司城邦分公司、城邦文化事業（股）公司），於本集團之營運期間及地區內，將以電郵、傳真、電話、簡訊、郵寄或其他公告方式利用您提供之資料（資料類別：C001、C002、C003、C011 等）。利用對象除本集團外，亦可能包括相關服務的協力機構。如您有依個資法第三條或其他需服務之處，得致電本公司客服中心電話 02-25007718 請求協助。相關資料如為非必要項目，不提供亦不影響您的權益。】

1.C001 辨識個人者：如消費者之姓名、地址、電話、電子郵件等資訊。
2.C002 辨識財務者：如信用卡或轉帳帳戶資訊。
3.C003 政府資料中之辨識者：如身分證字號或護照號碼（外國人）。
4.C011 個人描述：如性別、國籍、出生年月日。

請於此處用膠水黏貼